立ち上がれ！　地球の女神たちよ！

アシュタール×ひふみ神示

宇宙連合から届いたミッション
それは「日月神示（宇宙の法則）を正しく訳して伝えなさい」だった！

宇咲愛
Usaki Ai

ヒカルランド

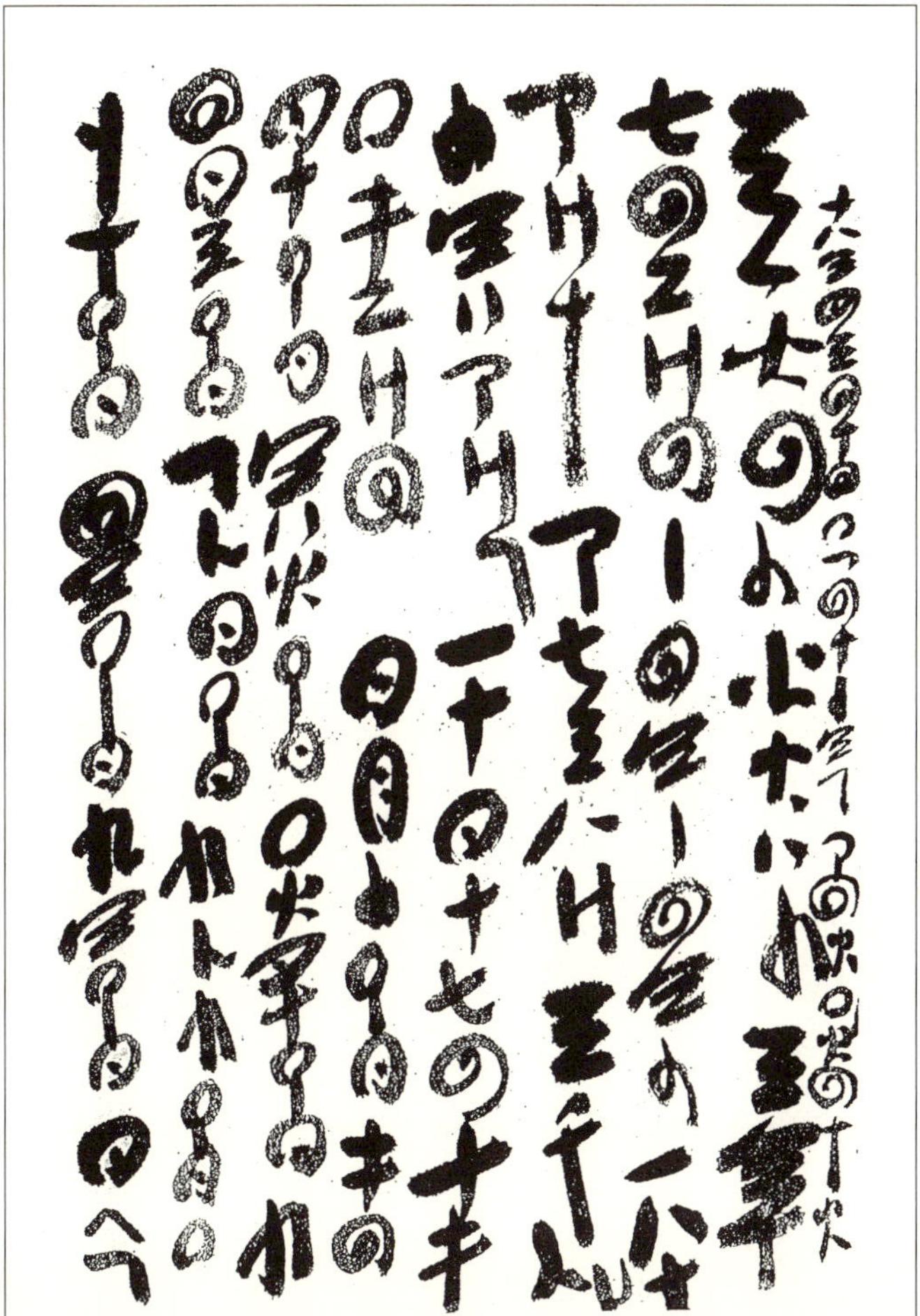

日月神示とは
昭和19年、神典研究家で画家の岡本天明氏が千葉県の麻賀多神社を参拝した時に自動書記によって降ろされたとされる神示。その後も昭和36年まで自動書記は続いた。原文は漢数字やかな文字、記号が混じった文体で構成されており、天明氏自身も読むことができなかったが、仲間の神典研究家や霊能者の協力で徐々に解読していった。原文を解読し漢字仮名交じり文に書き直されたものは、「ひふみ神示」「一二三神示」と呼ばれている。

はじめに

皆さん！

車のナンバープレートからメッセージが読みとれる……ってご存じでしたか？

私は、2012年5月中旬から1週間くらいの間に「1・2・3」のナンバーをしょっちゅう目にしていたんです。その頃のある日、ホント見事に「1・2・3」のナンバープレートとすれ違ったり、前と両脇と3台に囲まれたりと、私に何かを訴えている〜って感じていました。

そして、私がその数字から感じとったのは「ひぃ・ふぅ・みぃ」という言葉だったのです。その日は、夜に帰宅してからエンジェルナンバーの本を手にして調べましたが、それは「ぴんっ！」と来ない、私には合わないメッセージでした。

それと同時に、主人は「ひ・ふ・み」をネットで検索してくれていました。私はその時、インスピレーションで「日月神示」がなぜか脳裏に浮かんだのです。主人が『ひふみ』とは『日月神示』を指すんだけれどなぁ〜」とつぶやいた瞬間、「それだぁ」と思いました。

わが家には、主人が15年ほど前に購入していた「日月神示（ひふみ神示）」に関する書籍が4〜

5冊ありました。その背表紙を見た私は、「え〜っ！　今からこれを勉強しなさいっていうこと？」と不得意分野の課題を与えられた学生のような気分となりました。そして高次元の存在に尋ねてみました。

高次元の存在からは「勉強しなさい、と言っているのではありません。『日月神示』を現代の人々に通じるように正しく訳せるのはあなたなのです。そして、その役割があるのです。宇宙の次元で読みとっていただきたいのです」。そのようなメッセージを受け取りました。

「きゃあ〜。私は、日本の神様のこと全然知らないし、日本の神様の名前を覚えるのも苦手だし、なんだか……苦手だな〜」。そう叫んでいたら、横にいる主人から「アシュタールに聞いてみたら？」とアドバイスがありました。

実は私は、２０１１年5月に11次元のアセンデッドマスター「コマンダー・アシュタール」の地球上で26名しか存在しない公式チャネラーであることを、アシュタール公式チャネラーとして世界的な第一人者であるドクター　テリー・サイモンズさんから告げられていたのです。

「アシュタール」は、宇宙連合の総司令官（コマンダー）の任務を担《にな》っており、その名前は金星の言葉で「愛」という意味があるのだそうです。現在、この地球を愛と光で平和へと導くために活動しています。私はフルトランス状態で彼の聖なる側面とチャネリングし、彼のメッセージを伝える役割を担っています。

私はもともと看護師で、十数年間管理職をしていましたが、２０１１年末に退職してこの役割に徹するようになってから現在まで、私とアシュタールのつながりは切っても切れない状態になっています。

アシュタールに尋ねてみました。

「アシュタール！　私のメッセージの受け取り方は合っているの？　私、やりたくないんだけど……」

いつも冷静で真面目なアシュタールが、この時ばかりは大笑いしながら現れました。そして、

「どうも、そのようだね」というメッセージをくれました。私は、アシュタールにまで言われたのだからと、目覚めて悟りました。これを、覚悟といいますね！

さて、「日月神示」を少しずつ読みはじめたら、これが降ろされた意図《いと》が少し理解できたように思い、それを創造主に確認したところ、こんなメッセージを受け取りました。

「日本の神は、とても愛に溢れている。地球に存在している人々を脅《おびや》かしたり、恐怖を与えたりするようなことは決してありません。高次元からのメッセージを宇宙のレベルで多くの方々に伝えていってください」

私にどこまでできるかわからないけれど、「御役目を果たそう！」という覚悟（目覚めて悟る）と共にチャレンジしてみようと決意しました。

すでに刊行されている『完訳　日月神示』（ヒカルランド）の目次を開いてみると、第一巻からはじまり、補巻を含めて全部で第三十九巻あります。私が感じたことは、このすべてが今必要なものではなく、過去の出来事に関する内容は私が訳してお伝えする本義ではないということです。

私の役割は、あくまでも「現代」をどのように捉えて生きていくのかをお伝えすることにあるように思います。そして、今まで翻訳・研究されている方々とは違う側面からの「日月神示」を、宇宙の高次元の存在のサポートを受けて展開していくのだと感じました。この本では、第十八巻光の巻以降を中心にお伝えしています。この部分は、まさしく今、現代に起こっている真実、そして私たちの「生き方」「生き方向性」を示しています。

私の取り組む姿勢として、「日月神示」を研究されている方々の解釈には目を通さず、できるだけ先入観をなくした状態でこの古典のエネルギーを感じ、高次元の存在のエネルギーを降ろしながら訳しました。今、私が感じとっていることは、地球にものすごいパワーが降りはじめていること……。

「宇宙の法則」とは、何か⁉

「宇宙の法則」の方程式を知り、自己のエネルギー調整をしていくと、この惑星のみならず宇宙への貢献となることが詳細に記載されているように感じています。

創造主がこのひふみ神示の一帖一帖に込めた意図があまりに壮大で多様性や深みがありますので、その意図を汲んで各帖から任意に文章を抽出したりすることなく、そのままの状態でお伝えしています。創造主がひふみ神示に込めた各一帖一帖の中にどうしてこの順序でこの内容が組み合わせてできているのか、そのこともご一緒に感じていただけたらと思います。

ひふみ神示の訳を開始してあらためて感じたことは、この役割はもうすでに2011年1月14日から開始されていたのだということでした。今までスピリチュアルな能力もなくサイキックでもない私に、突然訪れた出来事がありました。それは忘れもしない、その日の朝、職場で勤務中の私に「お昼にここにいらっしゃい」という声が聞こえ、大学ノートとボールペンの映像が頭の中に浮かんだのです。

私はもともと猜疑心《さいぎしん》の強い人間であり、医療という現実的な現場で仕事をしていたこともあって、スピリチュアルとは縁遠い世界に住んでいました。

そんな私がそのメッセージを受けた時、なぜだかそのメッセージ通りの行動をとっていました。するとどうでしょう。椅子に座り、大学ノートを開き、ボールペンを持つやいなや何とも言えない声が聞こえてきて、思わずペンを走らせていました。あっという間に大学ノート1ページを超えました。腕が痛い！　メッセージの降りるスピードが速い！　そして、内容がとっても興味深い！　メッセージがクライマックスにきた時に、聞こえてきた声が途切《とぎ》れました。私は、思わず「え～っ。その先が知りたかった」。そう感じました。

その当時、私のそばにサイキック歴20年の看護師がいました。松岡さんという方です。その不思議な出来事を彼女に告げると、彼女は「そりゃあそうでしょう。施設長（筆者）は、もともと能力があるって言ってたじゃないですか。そのメッセージはホンモノですよ。ホンモノは、なかなか存在しませんけれどね。私にはわかっていました。これからどんどんメッセージが来ますよ！　また明日同じ時間帯に同じ場所に行くといいですよ。その続きがありますから。連続テレビ小説のようなものですね」と言って同じような体験をされた方の書籍を紹介してくれました。

その後もさまざまな経験をする度《たび》に彼女に相談し、彼女は私を支えてくれました。時には、私がキャッチできない内容があると彼女の方に高次元の存在からメッセージが届き、私に伝えてくれていました。私にとって彼女は大きな存在でした。

ある時、創造主から「私のメッセージを地球上の人々に伝えるために本を出しましょう」と言われました。「文章能力もなく、本が好きなわけでもない私が？　そんなことできるわけない」。そう感じました。

しかし松岡さんは「施設長が書いた本が続々と重版され、また、シリーズで何冊もの書籍が平積みで大型書店に並ぶ映像がくっきりと見えております！」と言うのです。

そんな出来事から一年半が経った頃にひふみ神示の訳をするという役割が降りてきたのです。神示を読み進めていくと、あの頃に創造主から降りてきたメッセージと同じような内容が多いことに気がつきました。そして、このような形で皆さんへお伝えすることになるとは、その当時は予想もできずにいましたが、宇宙の不思議、そして宇宙の法則に則《のっと》って生きることの楽しさ、豊かさ、そして何よりも自由を体感している今日この頃です。すべてに感謝の日々を過ごさせていただいています。

右も左もわからなかった私を支えてくれた松岡光子さんへのご恩は一生忘れません。彼女のおかげで私は自分の能力の蓋《ふた》を自然に開けていくことができました。私が一人でやっていけるよう自立を促《うなが》してくれました。本当にありがとうございます。そして、いつもそばで見守り、サポートしてくれている人生のパートナー、レゴラス晃彦に感謝の日々です。創造主からは、私と彼とでパートナーシップについてこの地球上にお伝えする役割を命じられています。魂がつながるパートナーシップの瞑想法の開発も創造主からのアドバイスで着々と進んでいます。

パートナーシップをお伝えする前には、まず、私たちが「女神」であることを思い出す必要があるのだそうです。そして、「女神性」というキーワードはこれからの世界で重要なポイントになるものですが、これは決して女性だけに備わっているものではありません。男性の中の「女神性の目醒め」が今後の世界を左右すると言っても過言ではないのです。ひふみ神示の中にそのヒントがあります。今回は「女神」と「宇宙の法則」にフォーカスした、ひふみ神示の訳をご紹介させていただきます。深淵《しんえん》な宇宙を感じていただけたら幸いです。

アシュタール×ひふみ神示　目次

Chapter 2

Chapter 3

Chapter 4
人生の創造者としての生き方
——運命の調整は自分でできる！……185

Chapter 5

宇宙と地球の仕組み

——肉体と魂をレベルアップさせよう！

Chapter 6

創造主こそ私たちの本当の親である

装丁　宇都木スズムシ／
百足屋ユウコ（ムシカゴグラフィクス）
校正　麦秋アートセンター

Chapter 1
アシュタールと創造主からのメッセージ

——あなたの中の女神を目醒めさせよう!

すべての女性の心の奥底には女神性が眠っている

以下は、私が夜ベッドに入って眠ろうとした時に、アシュタールからのアドバイスがあったため飛び起きて取ったメモの言葉です。

「あなたは気がついていませんが、本当は女神だったのです。遠い昔の記憶を忘れているだけなのです」

ある日突然そのように告げられたら、どう感じますか？

「そんなわけないじゃない」と否定するでしょうか？

「え～っ。この私が？」とただただ驚くだけでしょうか？

あなたは、どうですか？

地球上の多くの女性は、信じられないのではないでしょうか？　それは、長い時を経てあなた自身の心に厚い蓋をしているからなのです。この地球という惑星に転生してきた時から徐々に、あなた自身の意思や周りの環境などにより、自分の能力に蓋をしてしまったのです。

しかし、本当にあなたの心の奥底に「女神のあなたが眠っている」としたら、呼び覚ましたいって思いませんか？　私は、呼び覚ましたいって思いました。

私自身が自分を女神だと認めることができた瞬間がありました。それは２０１０年9月、あるセミナーを受講した時に、同じ受講生の方々から「あなたからアフロディーテという女神の雰囲気を感じる」と言われたことがきっかけでした。もしかしたらばかにされるかも、と思いながらもその話を主人に伝えたところ、腑に落ちるところがあったらしく、主人はえらく感心して大きくうなずき、私が女神であることを認めてくれ、今までの生活の中での出来事と合わせながら、その理由を話してくれました。

その瞬間、アフロディーテという女神の存在もよく知らなかった私でしたが、自分の中の女神を認めることができました。認めた瞬間にハートが温かくなり、私の奥底に眠っていた「わくわく感」や「キラキラした世界」がよみがえってきたのでした。それは、言葉ではどう表現したらいいのかわからないくらいに、私の世界観が瞬時に激変したのでした。そして根拠もなく「今私が生きているこの世界は、本当の世界ではない。他にもっともっとキラキラと輝いたわくわくの世界が存在する！」そう、気づきました。それは、それを知っている私と出会う瞬間でもありました。

そして、次にわかったのは、それは私だけでなく地球上の多くの人々がキラキラ輝く世界を忘れているだけで、その世界は実現できるのだということでした。「輝きたい！」と願い、希望している人たちと一緒に、その世界は実現できることが分かりました。そして、男性の中にも女性の中にも光輝く女神がいることを伝えていきたい衝動に駆られました。

私は、元来「輝くあなたに出会いたい」と思いながら働いている人でした。今までの概念に縛られていた仕事の世界では限界を感じていましたが、今度は本物と出会ったという実感がありました。

キラキラ輝きだしていく人々に出会える！

そして、私も一緒に輝くことができる！

本物に出会った私は、わくわくが爆発して、もう止めることができないほど、エネルギーが溢れ出ていたのです。

そう思っていた私に、2011年1月14日、急に変化が訪れました。創造主と名乗る存在からメッセージが降りてきたのです。初めは信じられませんでした。私の頭がおかしくなったのだろうか、とさえ思いましたが、創造主と名乗る存在からのメッセージは1カ月で大学ノート2冊を埋め尽くす勢いで降りてきました。

そのメッセージの中で「この地球上に存在するすべての女性は女神なのだ」ということを知りました。

ひふみ神示の中にも出てくるのですが、私たちは、宇宙の創造主の子どもなのです。

創造主という存在は、宇宙全体を創造した存在です。とすると、私たちの魂を誕生させたのは、創造主なのです。

私に最初に降りてきたメッセージの中に以下のようなものがありました。

「今、地球は変容を遂げようとしています。次元の上がる時がやってきています。そのために、次元を上がる人と上がれない人をふるいにかける時期になっています。現在、人間が進んでいる方向は正しくありません。崩壊の道を歩んでいます。それぞれ個の波動が自分らしくなくなってきているのではないでしょうか。

それによってたくさん支障が出てきており、ハートチャクラが乾いてきています。ハートチャクラが乾くということは、人間本来の内臓の機能が正しく働かなくなり、ゆくゆくは身体にも心にも異常が出てきます。皆さんが言うところの『病気』という名前の現象です。私が宇宙を含むすべての物を創造した時には『病気』というものを想定していませんでした。それは、人工的に皆さんが創《つく》り出した産物と言ってもいいでしょう。その『病気』には、いろいろと意味や原因がありますが、結局のところ『愛』『光』『思いやり』『優しい心』『自己愛』『喜び』『感謝』がキーワードとなると言えるでしょう。

まず、あなた自身を見つめることからはじめたらいかがでしょう。多くの人が自分の魂を見失っていると思います。魂が創造された時にさかのぼって考える必要があります。過去のマイナスの記憶を浄化し、宇宙に流してください。恐れを手放してください。しかし、皆さんの多くは過去のマイナスの記憶すらなくしています。では、どうしたらよいのでしょうか?」

「へ～っ」って、感じられたかもしれませんが、私たちは、女神なのです。

それも、驚くことに、永遠不滅の光の存在なのです。この宇宙を創造した創造主が、愛して愛して愛してやまない光の子どもたちなのです。

そのことを知った時、私は魂の奥底から湧きあがるエネルギーを感じました。

初めは、それを認めることに恥ずかしい気持ちがありましたが、毎日毎日そう考えているうちに、だんだん素直に受け入れられるようになりました。

そう、自分の中の女神を目醒めさせる第一段階は、自分に許可をすることです。「自分は女神なのだと認める許可」が必要です。

一度、本気で考えてみてください。本当にあなたの心の奥底に女神が眠っていたとして、そのことをあなたが許可せず、認めなかったら、その女神はどんな気持ちになるでしょう。その女神性もあなたの本質なのですよ。女神の気持ちになってみてください。

今のあなたの人生は、あなたの永遠の魂の長さを考えれば一瞬の出来事です。

今、あなたはおいくつでしょうか？

もしかして、千歳？

そんなわけないですよね。何千年もの魂の長さからすると一瞬の今の人生しか覚えていないあなたが、長い年月を経てきたあなたの本質の女神性を否定する理由は、どこにもないのです。

私は、この人生では48歳まで女性性を捨て、男性社会で男性に負けまいと闘ってきました。

今の社会において、女性であることが恥ずかしく、疎《うと》ましいとさえ感じていました。

しかし、そんな私の身体にある異変が生じ、医師からは手術が必要であり、生命に関わると告げられました。そのことによって、私の身体と精神が深く関係していることを知り、今までの生き方を見直すことができました。

その時に私は、自分の女性性を愛し、誇りに思い、女性であることに喜びを感じることで身体を回復させられるのではないか、という仮説を立てるに至りました。

結果、その仮説は見事に当たっていました。

そんな、男性性が優位だった私ですら、「女神性」を受け入れられたのですから、多くの方々はごく簡単に受け入れることが可能でしょう。

女神であり、この宇宙を創造した創造主の永遠不滅の光の存在の娘や息子は決して私だけではありません。

あなたもこれから自分の女神を探しに行きましょう。

ほら、そう考えるだけでハートがドキドキして、わくわくエキサイトしてきませんか?

私は2011年5月に、アシュタールをフルトランスでチャネリングしている状態のドクターテリー・サイモンズさん（すなわち、アシュタール）から、「あなたはすでに私とチャネリングしています。あなたは、れっきとした私の公式チャネラーです。あなたは金星時代に平和大使として、私が行けないところへ代わりに行ってくれていました。あの時は大変助かりました。あなたは、宇宙のさまざまな多くの星を回ってくれていました」と告げられました。

アシュタールは11次元の存在で、キリストやブッダなどの高次元の存在たちと愛と平和のために働く存在です。宇宙連合に属している「宇宙の総司令官」なのです。地球が平和な星になるように、26名の地球人を通してメッセージを送り続けながら、地球のアセンションを見守り、サポートしています。

ある日アシュタールは、私が瞑想している時にアシュタールと一緒に過ごしていた頃の私を見せてくれました。そして、宇宙は自由であること、この惑星地球では「思い込み」が大きく存在していることを示してくれました。

また、宇宙の創造主がひふみ神示をなぜ日本に降ろしたのか、そこに隠されている深い意味についても教えてくれました。それは、2013年を境《さかい》にして地球の文明が大きく動く時に、日本の「和」「環」「輪」「大和魂」の文化を交えて、ひふみ神示を世界に伝えることが必要なのだそうです。ひふみ神示の内容のみがこの地球を救うのではありませんが、そこには絶対に「日本の文化」を交えること、そしてどうやら日本人でアシュタールの公式チャネラーである私が翻訳することにも重要な意味があるようです。

✳アシュタールからのワンポイントアドバイス✳

あなたは、創造主が愛してやまない光輝く子どもなのです。
女神であることに許可をしましょう！
そこから、すべてが輝きだします！

今後の新しい地球を支える地上の女神はあなた！

アシュタールは言います。「今後の世界を救うのは地上の女神の輝きなのだ」と……。あなたが女神であるということに気づき、目醒める時がやってきているのです。もしかすると、この本を手にしていること自体が宇宙の采配かもしれません。

アシュタールは、この地球を「愛と光を基調にして平和へと導く」ことに全力を尽くしています。高次元の存在なので、時間や空間の制限がありません。同時にさまざまな場所に存在できるのです。

あなたは、もしかするとアシュタールと昔つながりがあったのかもしれません。アシュタールは、金星にいた頃にこの青く美しい惑星を見つけ、来るべきこの惑星の運命を予感し、多くの星の勇者にそのことを告げたのです。

そして、この地球の来るべき時にこの惑星に転生し、アシュタールと共に「愛と光を基調に平和へ導く」活動をしてくれる人々を募りました。その時に名乗り出てくれた人々のハートにその約束の証《あかし》として星の種を埋めこんだのです。その星の種は、役割が近づくと意識上昇を開始して目醒めていき、やがて世界を見る意識が変容し、埋め込まれた人たちは自分の役割に気づきはじめるのです。

彼らを「スターシード」（星の種）と呼んでいます。アシュタールは、いまだ目醒めていない「スターシード」たちに「点火」をして回っているのです。

「点火」が終わった「スターシード」たちは次々と変化しはじめ、彼らの役割を全《まっと》うすべく活動が開始されるのです。アシュタールはその「スターシード」たちを全面的にサポートします。

この地上には、まだまだ多くの「スターシード」が眠っているようです。私はアシュタールに肉体をお貸しし、「スターシード」に点火するお手伝いをさせていただいており、日本では唯一の存在と言われています。今回、アシュタールは私と一緒にひふみ神示を訳しています。

光の巻　第三帖（三九九）

今の政治は貪《むさぶ》る政治ぞ、⦿のやり方は与え放しざぞ、◎《うづ》ぞ、マコトぞ。今のやり方では世はおさまらんぞ、道理ぢゃなあ。天にはいくらでも与えるものあるぞ、地にはいくらでも、どうにでもなる、人民に与えるものあるのざぞ、惜しみなく、隈《くま》なく与えて取らせよ、与えると弥栄えるぞ、弥栄になって元に戻るのぞ、国は富んで来るぞ、神徳《しんとく》満ち満つのぢゃ、この道理わかるであろうがな。（後略）

〈宇宙訳〉


現在の政治は一部の権力者のエゴによる「貪る政治」になっています。

互いに競争をし、勝ち取っていく、いわば男性社会です。

しかし、今後目指すべきなのは、宇宙の法則に則り、宇宙の叡智を受けて行う政治です。

そこには「宇宙の愛」が基調に運営されます。

「宇宙の愛」とは「宇宙規模で感じる愛」です。

そのためには、女神性の目醒めが必要といえるでしょう。

女神性とは神聖なる部分であり、
宇宙規模の愛に溢れる女神性の中には「委《ゆだ》ねる」という性質があります。

宇宙に委ねることができる女性は、
母体となる際に「宇宙規模の愛」を感じることができ「宇宙規模の包容力」が生まれます。
宇宙に委ねることができて初めて、宇宙の叡智を降ろすことが可能となります。
宇宙に委ねることで、創造主の波動と共鳴し、
私の考えがインスピレーションとしてわかるようになってくるのです。
女神性に目醒めたら、創造主からのメッセージが
ふとした瞬間に口を衝《つ》いて出てくるようになり、
それを得るために、場の浄化をして儀式的にするなどの必要はありません。
ふとした瞬間は、車の運転中かもしれませんし、歩いている最中かもしれません。
そういうステージになると、どこか遠くからメッセージを降ろしてくるというのではなく、
すでにあなたの中に創造主が存在するかのような状態になるのです。
そして、女神性というのは、女性のみならず、男性の中にも存在します。
男性が宇宙に委ねる時もこの女神性の目醒めが必要となってくるのです。
男性が自分の脳の思考に頼る時代は、終焉を迎えました。
人間の脳をアンテナとして活用する時代が到来したのです。
そんな女神性に目醒めた男女が集まり、「輪」となり、「和」となることで、

そこにエネルギーが発生し、そのエネルギーは徐々に循環しはじめ、回転していきます。
そのエネルギーはやがてスパイラルアップし、
その「環」の中心には、宇宙のエネルギーが発生してくるでしょう。
この宇宙のエネルギーや叡智を使って政治を司《つかさど》っていくのです。
現在のような、エゴや私利私欲ばかり考えている政治活動では
この惑星を平和へと導くことは困難でしょう。
それは、「宇宙の法則」から見れば、当然の結果なのです。
宇宙は豊かなのです。宇宙には溢れんばかりの豊かさがあります。
すべての人々に行き渡る十分な豊かさがあるのです。
この惑星に住む人々がそれに気づき、行動を起こせば、
これからどんなことも可能になってくるでしょう。
この宇宙の豊かさに気づき、お互いに分け与え合う行動こそが、
あなた方お一人おひとりの豊かさを招き、
そして、この日本もどんどん栄えていくきっかけとなることでしょう。
元来あった、日本の調和を取り戻すことができれば

「宇宙の法則」に則った生活ができるのです。
豊かな宇宙のサポートを受けて、ますますこの惑星が繁栄し、
ミロクの世となっていくのです。
「宇宙の法則」を知れば、いとも簡単な道理なのです。

✴アシュタールからのワンポイントアドバイス✴

地球の女神たちよ！　リラックスする時がやってきました。
あなたは、女神！　肩肘張って生きなくてもいいのです。
あなたはもう一人ではないのです。
あなたの輝きを取り戻す時がやってきたのです。
祝福！

女神を自覚すると、幸せな未来を実現できる

現在の混沌としている社会の向こう側に存在するキラキラ輝く素晴《すば》らしい世界は、実は私たちが創造していくことができるのです。それを知った時、どうすればそれを実現できるのか、その方法を知りたいと思いました。

私のところに来てくれるアシュタールは「セント・アシュタール」と言って、聖なる側面のアシュタールです。

実直で、紳士である彼は、常日頃「この惑星の女性は、女神なんです。そのことに多くの女性が気づいていないのです。女神の輝きを思いだせば、この地球もきっと喜ぶでしょう」と言っています。

「女神性」は必ずすべての方々の奥底に眠っています。その「女神性」は、長い年月を経て忘れさられました。そして、「女神性」というのは、決して女性だけに存在するのではなく、男性にも存在するのです。

「女神性」とは「女性の神聖なる性質」で、「宇宙規模の愛」を持ち合わせています。「宇宙規模の愛」は、「無条件の愛」とも言えます。

例えば、「この彼が、私の結婚条件をすべて満たしているから愛してあげてもいいわ」と条件をつけて愛するのは、「宇宙規模の愛」ではありません。そして、自分が好かれたいために優しくする愛や、嫌われることに恐怖を感じているところから発する優しさも「宇宙規模の愛」ではありません。

そして、心配するのが愛だと思い込んでいる勘違いも存在するでしょう。

「無条件の愛」、それは、母が子どもに感じる愛そのものなのです。自分の子どもに条件を付けて愛する母は少ないでしょう。

見返りを求めず、ただただ愛す。必要であれば、自分の生命を投げ打ってでも助ける……それが母の愛なのです。

女性は、生まれながらの本質として「母性」を持ち合わせていますが、「宇宙規模の愛」とはその「母性」に近いかもしれません。

次に「委ねる」という本質があります。「委ねる」を国語辞典で引くと「すべてを任せる。すべてを捧げる」という意味です。なおかつ「女神性」は、宇宙とつながりを持ち高貴な気高《けだか》い魂エネルギーを持ち合わせています。

私たちの先祖は、途方もない能力を持ち合わせていました。この地球上の遠い昔は、「言葉」が存在していない環境で、コミュニケーションツールといえば、テレパシーでした。もちろん、遠隔でのやり取りも可能だったそうです。テレパシーで交信していたって、すごいと思いませんか?

私たちの先祖は、男性も女性も自分の中の女神を意識して、女神性が生活の中に根付いていたのです。だから、彼らは自分の能力を活かしつつ、宇宙の叡智とつながることがごく自然にできたのでしょう。「女神性」が完全に目醒めた未来では、そのようになっているかもしれませんね。
ひふみ神示は、その方法論の根本である「宇宙の法則」を解き明かしてくれています。

黄金《こがね》の巻　第十三帖（五二四）

神示はちっとも違わん。違うと思うことあったら己の心顧みよ。その心曇っているのであるぞ。めぐりあるだけ神がうらめしくなるぞ。めぐり無くなれば神が有り難いのぢゃ。人間無くて神ばかりでは、この世のことは出来はせんぞ。神が人間になって働くのぞ。わかりたか。新しき神国が生れるまでめぐりばかりがウヨウヨと、昔のしたことばかり恋しがっているが、そんなこと何《い》時《つ》までも続かんぞ。三年の苦しみ、五年もがき、七年でやっと気のつく人民多いぞ。

皆仲よう相談し合って力合わせて進め進め。弥栄えるぞ。二つに分かれるぞ。三つに分かれるぞ。分かれて元に納《おさ》まる仕組。結構結構。理解大切。理解結構。思考しなければこれからは何も出来んぞ。拝《おろが》み合うことは理解し合うことぞ。手合わせて拝むばかりでは何もわかりはせんぞ。何故に心の手合わせせんのぢゃ。心の手とは左行く心の手と右行く心の手と和すことぢゃ。サトルことぢゃ。苦しんで苦しんで苦しみぬいて得たことは楽に得たことぢゃ。その楽に得たことのみ自分の身につくのぢゃ。血ぢゃ。肉ぢゃ。かのととり。一二十

〈宇宙訳〉

「宇宙の法則」は、寸分たがわず成り立っているのです。

違う！　と思うことがあったのならばまず、ご自分の心を顧みましょう。

あなたの心は曇っていませんか？

あなたの中で、他に責任を求め、人のせいにしている部分があるのであれば、「宇宙の法則」や「高次元の存在たち」「神」のことが恨めしくなるのです。

「宇宙の法則」に則った思考や行動をしているのであれば、「宇宙や高次元の存在や神」に対して「感謝」しかないのです。

あなた方、肉体を持っている人間がいるからこそ、この世の中が成り立つのです。

ミロクの世・神の国がもうすぐ生まれますが、生まれるまでは、「妬み」などのネガティブな波動が行きかうのです。

自分が昔からしてきたことに執着し、そこから抜け出せないのです。

しかし、「宇宙の法則」から見れば、その執着は手放した方がよいのです。

3年苦しみ、5年もがき、7年目でやっと気がつく人々が多いのです。

みんなが仲良く相談し合って、力を合わせて前へ前へ進むのです。上昇上昇していくのです。

そうすることで、この惑星がどんどん栄えていくのです。


今起こっている現象により、住む世界が分かれていっています。

二つに分かれて、三つに分かれていくでしょう。

分かれて分かれて、結局元に収まる仕組みがよいのです。


祝福です。


双方の理解が大切で、理解が良い方向へと導くのです。

理解し、調和統合を思考していくことで、生まれる事実が素晴らしくなるのです。

拝んでいるだけ、祈っているだけでは、何にも解決にならないのです。

祈りあうことが大切です。
そこに理解が生まれるでしょう。
合掌し拝むだけでは、何も習得しないでしょう。
どうして、魂の手・心の手を合わせないのでしょう。

心の手とは、左に行こうとする心と、右へ行こうとする心
それを「和合」することなのです。悟りを開きましょう!

苦しんで、苦しんで、苦しみ抜いて得たことは「楽」に得たことなのです。
その果てに得たことのみ自分の身につくのです。血肉となるのです。

✴アシュタールからのワンポイントアドバイス✴

あなたの魂をいつもクリスタルのように澄んだものにしておきましょう。
あなたが女神であることに気づいたのならば、そうするしか道はないのです。

ミロクの世の男女のパートナーシップ

最近の日本の社会問題として、「少子高齢化」が掲げられ、それに付随《ふずい》するかのようにさまざまな課題が山積《さんせき》しています。「少子化」とつながりの深いのは、独身者の増加です。

ある時、アシュタールから「愛の体験談を入れるといいよ!」とメッセージが来ました。アシュタールのアドバイスを参考に、私の体験談をご紹介させていただきます。

結婚はしていても、夫婦円満で素敵なパートナーシップが実践できている人たちは、少ないのではないでしょうか?

光輝く世界を共有し、一緒に創造できる人生のパートナーと出会うと、二人のポジティブな波動が共鳴し合い、スパイラルアップし、それによりどんどん加速して、すべての素晴らしい事柄を惹き寄せるのです。

実は、私は20歳で「できちゃった結婚」をして数カ月で結婚生活にピリオドを打ち、21歳の時にお腹に子どもを抱えたまま離婚しました。その当時は看護学生でしたので、出産のために休学し、出産後に学校に復帰して、看護師の仕事をしながら母子家庭の生活を送りました。

その当時は、「離婚」というと人生の敗北者であるかのような時代でしたが、結婚生活を無理に続けて生き地獄のような生活に我慢しながらの環境で子育てをするよりも、明るく朗《ほが》らかな、愛の溢れる環境で子育てをしたかったので、迷いはありませんでした。

とても可愛く愛おしい子どものために一生懸命働きました。そして、看護師という職業も楽しく、生き地獄のような生活を味わった私には、天国のような日々でした。看護師としてもっともっとプロになろう、学びたい、と意欲に溢れた日々であり、楽しい生活でした。

その当時、再婚なんて考えられなかった私の前にある男性が現れました。それが、今の主人です。

私と主人は、お互いに何か大きな力に惹き寄せられるかのように身近な存在となっていきました。彼は24歳の社会人2年生、もちろん初婚。私はバツイチ子持ち。結婚へのハードルはいろいろありましたが、すべていとも簡単にクリアしていき、知り合って2年後に結婚しました。若い二人には結婚資金もなかったのですが、某ホテルで結婚式と披露宴が無料になるというイベントに当選するという、ビッグサプライズな宇宙からの祝福もあり、友人たちや親戚の方々や両親に見守られ、祝福された結婚生活を開始することができました。

現在、家族5人でとっても幸せな日々を送っています。結婚22年になりますが、共に人生のパートナーとして魂のつながりを深く感じ、信頼しあえる仲です。ツインソウルの関係性は、何年経ってもお互いに新鮮で、会話が絶えることなく、一緒にいて一番落ち着き、そして楽しいのです。

そんな幸せな人生を歩むことができている私ですが、彼と出会った頃の私は「宇宙の法則」を知らなかったにもかかわらず、自然とツインソウルを惹き寄せていました。

これは、どういうことでしょうか？　それは、私たちが「宇宙の法則」を知らず知らず実行していたにすぎないのです。

しかし、今の世の中では「宇宙の法則」がわかるのですから、これを使わない手はありません。

私の長女は、「お父さんとお母さんのような結婚をしたい。でも、お父さんみたいな人なかなかいない」と言っていましたが、この「宇宙の法則」を伝えたところ、彼女は現在、自然とツインソウルを惹き寄せるべく、自分の波動をキラキラ輝かせることに集中しています。

人生のパートナーと共にいること自体にお互いのミッションが課せられているということですが、その素敵な関係性を創造主レベルではどのように捉えられているのでしょうか。

そもそも、この宇宙に私たちの魂が誕生したのには、深い意義があるのです。創造主からのメッセージの中に、この地球上に男性と女性を創った意味、パートナーシップとはどのような意味があるのか、そしてその役割をどう担っていけばよいのかが解き明かされています。

光の巻　第五帖（四〇一）

病神《やまいがみ》がそこら一面にはびこって、隙《すき》さえあれば人民の肉体に飛び込んでしまう計画であるから、よほど気つけておりて下されよ。大臣《おとど》は火と水と二人でよいぞ、ヤとワと申してあろうが、ヤ、ワ、は火の中の水、水の中の火であるぞ、後はその手伝いぞ、手足ぞ、役人自《おのずか》ら出来るぞ。役は役であるぞ、今までは◉国《ぐに》と外国と分れていたが、いよいよ一つにまぜまぜに致して、クルクルかき廻して練り直して、世界一つにして、自ら上下《うえした》出来て、一つの王で治めるのぢゃぞ。

人民はお土でこねて、◉の息入れてつくったものであるから、もうどうにも人間の力では出来んようになったらお地《つち》に呼びかけよ、お地《つち》にまつろえよ、お地《つち》は親であるから、親の懐《ふところ》に帰りて来いよ、嬉し嬉しの元のキ甦るぞ、百姓から出直せよ。ミロク様とはマコトの天照皇大神《アマテラススメラオオカミ》様のことでござるぞ、六月十七日、一二◉。

〈宇宙訳〉

「病」は身の回りに、まるでカビの胞子のようにはびこっており、隙《すき》さえあれば、私たちの肉体に侵入しようという計画があるようです。
肉体と一言で言っても、「身体」と「精神・魂」という深い意味が隠されています。
しかし、創造主はそもそもあなた方を完璧に創りました。
実は、「病」というものは、あなた方が創造したものなのです。
「ウイルスや菌」の侵入のみならず、「魂」へ侵入するものが根源なのです。

「魂」への侵入は、あなた方お一人おひとりが予防することができます。
「魂の隙」というものは、あなたの魂が「愛」で満たされていたのであれば存在しないものなのです。

「宇宙の愛」の波動に協調させた「魂の愛」の波動は光を放ち、
「病」というネガティブな波動が近寄る隙がなくなるのです。

国を司るものは、「男性と女性」の二人がよいのです。

そうすると、とてもバランスや調和がとれ、素晴らしい役割を担うことができるのです。

男性の中の女性性、女性の中の女性性が宇宙へ委ねることを促進し、
宇宙の叡智とつながりやすくするのです。

これからの社会で重要なことは、自然と共存する「大和魂」
そして、宇宙の愛に共鳴する「波動」なのです。

大和魂は、燃えるような愛の情熱の中にも清流のごとく純粋な謙虚な魂なのです。

宇宙に共鳴する波動とは、
まるで水面を輪になって広がっていく波紋のようなハーモニーを奏でるのです。
その環は、しなやかであり、そして、パワフルなパワーがあるのです。

その根底の法則が木の幹であるのであれば、その後は枝葉のことなのです。
すべての人々が実践できる法則なのです。

現在が時代の節目であるのは、間違いないのです。

宇宙という多次元とあなた方がいる3次元の世界とが、いよいよ交わりを開始します。

現在起こっている地球というこの惑星のエネルギーの変容は、
宇宙への影響を強くしています。

3次元の幻想の世界に縛られるのではなく、
高次元から見たこの惑星の姿が自《おの》ずと見えてくるでしょう。

その時、宇宙の法則に則って、「愛と光」を基調に平和へと導かれることでしょう。
高次元レベルでの判断ができる魂の持ち主がこの惑星をまとめていくことでしょう。
肉体を持つこの惑星の存在たちは、「創造主」が創造した存在なのです。

あなた方人間が、人間ではどうにも解決できないと感じた時は、
この惑星にしっかりグラウンディングしましょう。
この惑星ガイアのパワーを身体中に取り込み、パワーの充電をしましょう。

地球の女神は、喜んであなた方に愛のパワーを授けることでしょう。

植物を育てる中で、土と接し、大地を踏みしめることで、
自然の恵みや豊かさ、この惑星や宇宙の豊かさを感じることでしょう。
あなた方の先祖は、遠い昔、自然と共存共栄する中で、
自然の恵みや豊かさ、そして宇宙から叡智を得ていたのです。

その時に、本来の魂のあり方を思い出し、愛と感謝と感動を感じることでしょう。

ミロクの世を治める神様とは、
実は、宇宙の叡智とつながることができる、魂の持ち主のことなのです。

光の巻　第六帖（四〇二）
　今に世界の臣民人民誰にもわからんようになりて、上《あ》げも下《お》ろしもならんことになりて来て、
これは人民の頭や力でやっているのでないのざということハッキリして来るのざぞ。何処《どこ》の国、
どんな人民も、成程《なるほど》ナアと得心《とくしん》のゆくまで揺すぶるのであるぞ。

今度は根本の天の御先祖様の御霊統《ごれいとう》と、根本のお地《つち》の御先祖様の御霊統とが一つになりなされて、スメラ⦿とユダヤ⦿と一つになりなされて、末代動かん光の世と、影ない光の世と致すのぢゃ、今の臣民には見当とれん光の世とするのぢゃ、光りて輝く御代《みよ》ぞ楽しけれ、楽しけれ。

悪い者殺してしもうて善い者ばかりにすれば、善き世が来るとでも思うているのか、肉体いくら殺しても、霊《れい》までは、人民の力ではどうにもならんであろうがな。元の霊まで改心させねば、今度の岩戸開けんのぢゃぞ、元の霊に改心させず、肉体ばかりで、目に見える世界ばかり、理屈でよくしようとて出来はせんぞ、それくらいわかっておろうが、わかりていながら、ほかに道ないと、仕方ないと手つけずにいるが、悪に魅入《みい》られているのぢゃぞ。

悪は改心早いぞ、悪⦿《あくがみ》も助けなならんぞ、霊から改心させなならんぞ、善も悪も一つぢゃ、魂《たま》も身も一つぢゃ、天地《あめつち》ぢゃとくどう知らしてあろうが。どんなよいこと喜ばして読ましても、聞かせても、今の臣民人民なかなか言うことききかんものぢゃぞ。この道に縁《ゆかり》ある者だけで型出せよ、カタでよいのぢゃぞ。天明は神示《ふで》書かす御役ぢゃぞ。六月三十日、一二の⦿。

〈宇宙訳〉

今、世界の人々には、なぜこのような出来事が起こっているのか、わからないようになってきます。

しかし、この状態は人間のなせる業《わざ》ではない、ということだけは
世界中の人々が理解してきています。
この惑星のすべての人々が理解できるまで、さまざまな出来事が起こるのですよ。

この惑星、地球の女神ガイアと宇宙の創造主とが協力し合い
「闇」がなくなり「光」の世界がやってくるのです。
この3次元の方々には、想像もつかないでしょうが
「光輝く素晴らしい世界」となるのです。

その世界は、とても楽しく、素晴らしく美しい世界なのですよ。

3次元のこの惑星の多くの人々の思考においては
「では、悪人を処罰してこの世から抹殺するのだ」という単純な発想になるかもしれません。
しかし、悪人を処罰して肉体を滅ぼしたところで、魂はどうなるのでしょう？
魂というエネルギー体は、そのまま永遠に存在するのです。

エネルギー体が残るということは、この世界は「光」のみの世界ではなく、
肉体を持っていない悪のエネルギー体は存在し続ける、という解釈ができるでしょう。

「自分たちの目に見えるもののみ消去すればよい」
というような解釈をするのではなく
「魂レベル」であなた方の目に見えないレベルでの出来事を解決していくことが重要なのです。

「悪人」を「改心」させればよいのです。
「悪人」と呼ばれている存在の「魂」レベルに行き、
その魂の中の存在からネガティブなエネルギーを宇宙に手放し、
そしてポジティブなエネルギーを維持できるようにサポートするのです。

あなた方は、「二元論」に走りがちですが、
宇宙の法則は二元論で動いているのではないのです。
双方が調和しバランスを保って存在しているのです。

男性の中に女性性が存在し、女性の中に男性性が存在するように、
双方には各々《おのおの》のエネルギーが存在しているのです。

ということは、悪人の中にも善人の魂が存在しているのです。
悪人の中の善人のエネルギーを拡大させていくのです。
光を与えるのです。愛を注ぐのです。

それを実行することが「ミロクの世」につながって
「喜び」の世界になることを申し上げているのですが、なかなか理解せず、実行しないのです。

宇宙からのこのメッセージが理解できる存在のみで、結構です。

理解し、目醒めた人から実行に移してください。

小さな単位の話ではなく、大きな枠組みで実行していってください。

個人個人の対応ではなく、集合的無意識を上げていくのです。

集合的無意識をポジティブにしていくことで、
やがてその集団たちの将来は集合的無意識のなすがままになっていくのです。

集合的無意識にフォーカスしてください。

✳アシュタールからのワンポイントアドバイス✳

男性の中にも女性の中にも女神が存在しているのです。
目醒めさせましょう！　地球が喜び、輝きはじめるでしょう！

「宇宙の法則」で素敵なパートナーを惹き寄せる

この地球上で生きている限り、いつでも常に女神でいることは、困難なことだと思います。そんな地球上で輝く女神性を保つために、創造主はアドバイスと提案を降ろしてくれています。

しかし、そんな素敵なパートナーと巡り合うのは無理に決まっている、と思う人が大半なのかもしれません。だからこそ、このメッセージが私たちに贈られているのでしょう。

ひふみ神示は、一つの帖に多方面からの視点のメッセージが詰まっており、奥が深いものです。他の帖にも記載されていますが、「宇宙の法則」に則って生きていく中で、一番重要なのは「波動調整」でしょう。「波動調整」がうまくいっていると、その波動に見合ったパートナーが惹き寄せられてきます。それはパートナーのみならず、出合いや出来事、仕事や物などさまざまなものが自分の波動に共鳴して、ものの見事に惹き寄せられてくるのです。

私たち夫婦の会話を一つご紹介しますと、私がある日家を留守にする時に、「3階の部屋の窓を閉めて行った方がいいよね」と主人に言いました。すると主人から「愛が気になった時点で、その世界に行っているということだから、閉めた方がいいんじゃない」と言われました。

彼がここで言っているのは、自分の思いの中に心配や不安という意識がなければ、心配や不安を感じる出来事は惹き寄せない。しかし一旦、自分の意識の中に「泥棒が入るかもしれない」という不安を意識した時点で、私の世界に泥棒を惹き寄せた、ということなのです。

先日訪問したハワイ島では、車内に財布を置いていても、盗られることのない世界を体験しました。みんなが信頼し合っているので、泥棒を存在させていない世界を実現しているようです。

そのことに関して、今の地球上では賛否両論あると思いますが、「宇宙の法則」に則って考えるならば、そのような解釈になります。私は「宇宙の法則」を知ってから、それに則って生きる実践をしていますが「宇宙の豊かさ」や「宇宙の愛」に感謝と喜びの日々を送っています。

現在結婚適齢期の長女は、「お父さんとお母さんのような夫婦になりたい。お父さんのような男性と結婚したい」と、人生のパートナーを惹き寄せている最中です。私が彼女へ伝えたアドバイスは「まず、自分を愛し、自分がわくわくエキサイトすることを常に選択し、自分が打ち込める何かに打ち込み、自分の魂を輝かせる。そして、すべては整っているのでよいタイミングに素晴らしい惹き寄せが待っていることを知っている自分に波動を合わせ、後は宇宙に委ねる」ということです。それを現在実行中の彼女を見ていると、日々の生活をいきいきと楽しみ、人生を謳歌《おうか》していると感じます。

実行するかしないか、信用するか否か……すべては自由意志だと思います。

黄金の巻　第九十九帖（六一〇）

内にあるもの変えれば外からうつるもの、響いて来るもの変わって来るぞ。内が外へ、外が内へ響くのぢゃ。妻にまかせきった夫、夫にまかせきった妻の姿となれよ。信仰の真の道ひらけるぞ。一皮むけるぞ。岩戸ひらけるぞ。富士晴れるぞ。（一月三日）

〈宇宙訳〉

自分の内側、すなわち「波動」を変えていけば、
自分が見る景色さえも変化して映ってくるでしょう。
自らが響く物事も変化していくことでしょう。

内側のものが外側へ、外側のものが内側へ響いてくるのです。
あなたの住む世界は、あなたの内側が創っていると言っても過言ではありません。

家庭で言えば、妻に任せきった夫、夫に任せきった妻というのは、
お互いに信頼しきって寸分の疑いもない仲なのです。

そのような夫婦になれば、自分の真実の道が自ずと開けていき、導きがあるのです。

芋虫が蝶に変容するようにあなた方の世界が大きく飛躍し、宇宙の光が射してくるでしょう。

ふたつとない「晴天」を体験することになるでしょう。

✴アシュタールからのワンポイントアドバイス✴

あなたは「自分は素敵なパートナーを惹き寄せているのだ」と信じきることです。
その波動が大切なのです。

豊かさは喜びの波動を出している人にやってくる

宇宙の豊かさは、溢れんばかりに存在し、減ることはありません。それは、自分が与えれば与えるほどに宇宙からのギフトがやってくるシステムのようです。

「豊かさ」というとすぐに「お金」に結びつくかもしれません。「お金」ももちろん豊かさのエネルギーの一つですが、「心の豊かさ」「魂でつながる友人の多さ」「健康」「仕事」「社会に貢献する満足感」「子宝」「食べ物」「人生のパートナー」など、それらはすべて「豊かさ」と表現できるのではないでしょうか。

では、喜びの波動はどう出していけばよいのでしょう。

私たちの肉体には、「感情」というとても良くできたセンサーが備わっています。ネガティブな感情を持った時には、自分の本意ではない方向に人生を生きているというしるしであり、ポジティブな感情を持った時には、「よしよし、この方向性で光輝く世界に到着するよ」と教えてくれているのです。感情は、人生のナビゲーションシステムだったのです。

そのポジティブな感情の最高ステージに喜びが配置されています。ということは、すべての出来事をポジティブに捉えて、喜びに変換していけばいいのではないでしょうか。褒められれば素直に喜び、新しいことに触れるたびにも喜び、ネガティブな感情と出会った時にも喜んでみましょう。

どう喜ぶのかというと、「私の進んでいる方向は、間違っているって教えてくれている。では、自分の望むものや環境は何かを明らかにして、軌道修正すればいいだけ……わかってよかったぁ」と喜んでみてはいかがでしょう。

感情のセットアップ、つまりコントロールも私たちの魂の成長のために必要なことだと思います。私たちは、感情のコントロールができると知っていて、それを楽しもうとこの地球に降り立ったのですから、喜びに交換できた時、あなた自身を褒めてあげましょう。そして、またそれを喜びにつなげましょう。喜びの波動が豊かさを惹き寄せてきますから、ただただあなたはわくわくし続けていればよいのです。

黄金の巻　第三帖（五一四）

神は神の中に、宇宙を生み給《たも》うたのであるぞ。善の祈りには善、悪の祈りには悪、祈りの通りに何も彼も出て来ること、まだわからんか。時節には時節のことと申してあろう。十一月十七日。ひつ九のか三

〈宇宙訳〉

創造主は、宇宙をすべて包括しているのです。

宇宙には、「良い」「悪い」という判断はありません。

あなた方が思うことがすべて実現するのです。

「ポジティブ」なことを考えるとポジティブなことが実現するのです。

「ネガティブ」なことを考えるとネガティブなことが実現するのです。

たとえば、「キラキラ輝いて、日々の生活を満喫している笑顔の自分」を思考していれば、

その自分が実現するのです。

反対に「くよくよして、自分なんか駄目なんだ。世の中何にも良いことがない」

という思考をしていれば、それが実現するだけのことなのです。

世の流れというものがあり、その時その時にふさわしいことが実現するのです。

それは、地球に関してもそうですが、

あなた方お一人おひとりに関しても同じことがいえるのです。
タイミングというものが存在するのです。

黄金の巻　第五十一帖（五六二）

喜べよ。よろこびは弥栄の種蒔くぞ。祈りは実行ぞ。言わねばならんし、言えば肉体が申すように思っておかげ落とすし、わからんこと申すように、自分のものさしで測るし、学の鼻高さんには神も閉口。（十二月七日）一二十

〈宇宙訳〉
喜びましょう。喜びの波動を出していると
どんどん繁栄してくるでしょう。

祈りとは、実行なのです。行動することなのです。
行動すること、口に出すことは一致させましょう。

口に出して言うことは、口が動いて肉体から言っているように勘違いしていませんか？

わからないことを口に出してしまうのと同じように、

自分の体験からくる物差しで測り、善い・悪いなどの判断をしていませんか？

知識が豊富にあることで、不必要なプライドを高く持っている人々には

創造主からのメッセージをキャッチするチャンスを逃すことがあるでしょう。

黄金の巻　第五十三帖（五六四）

物も神として仕えば神となるぞ。相談と申せば人民ばかりで相談しているが、神との相談結構ぞ。神との相談は神示《ふで》よむことぢゃ。行き詰まったら神示《ふで》に相談せよ。神示《ふで》が教えて、導いてくれるぞ。罪を憎んでその人を憎まずとは悪のやり方、神のやり方はその罪をも憎まず。生活が豊かになって来るのが正しい道ぞ。行き詰まったら間違った道歩いているのざ。我では行かん。学や金ではゆかん。マコトの智一つと申してあろう。（十二月七日）一二十

〈宇宙訳〉

物質にも生命が宿っているのです。

そう思って、それぞれの物と接する際に愛を込めてみましょう。
見事に応《こた》えてくれるはずです。

あなた方の多くは、相談事があると人々同士で相談し合っていると思います。
これからは、宇宙の高次元の存在たちと相談し、宇宙の叡智とつながることをお勧めします。
まず、ひふみ神示を読んで、「宇宙の法則」を思い出しましょう。

「罪を憎んで人を憎まず」ということわざがありますが、
それは、ネガティブな捉え方をしています。

宇宙の観点では、その罪も憎まないのです。

「憎む」という波動は、どこにも誰にもポジティブな結果は得られないのです。
逆こそありますが、ポジティブな波動にはつながりません。

あなたの生活そのものが豊かになってくると、
「宇宙の法則」を使いこなしているといえるでしょう。

あなたの生活自体が何か行き詰まっているのを感じているのであれば、
「宇宙の法則」を使いこなしていないというメッセージでしょう。

エゴやネガティブなエネルギーでは、宇宙の豊かさを感じることは困難でしょう。
知識やお金にも、宇宙の豊かさを感じる基本は見つからないでしょう。

「宇宙の法則」を知り、波動調整をすることが大切な要因なのです。

✴アシュタールからのワンポイントアドバイス✴

宇宙は、波動で動いています。あなたの中で正当な理由があろうとも、
宇宙にはネガティブな波動はネガティブとしてしか伝わらないのです。
ポジティブな波動に調整するように心がけましょう！

魂を目醒めさせる時は今！

目醒めるタイミングは、その方によって違っています。しかし、今この文章と出合っているあなたは、目醒めるタイミングがやってきているのです。「宇宙の法則」に触れ、奥底に眠っていたあなたの魂が刺激を受けて目醒め、思い出すことでしょう。はっきりと思い出すことは、急には難しいと思いますが、今この文章を読みながら、心臓がバクバクしている、あるいは身体が熱いなど、なにかしら身体が反応している人もいるかもしれません。

肉体が反応するというのは「宇宙からのメッセージ」です。

あなたは、時々誰かの話を聞いて「鳥肌が立つ」などの経験はありませんか？

それこそ、まさしく、肉体が正しくメッセージをキャッチしてくれているのです。

肉体は、私たちの親友なのです。そして、一時的な借り物だから、大切に扱う必要があります。

あなたは、足の小指や手のひらや心臓と会話したことがありますか？

そして、身体に意識を向ける時間を持っていますか？

その意識こそが宇宙からのメッセージをキャッチしやすくしてくれる協力者なのです。

呼吸もそうなのです。呼吸をするという特権が、宇宙のメッセージ、つまりインスピレーションを受け止めやすくしてくれているのです。

それらは、すべて「創造主」が私たちに授けてくれたツールなのです。

魂が目醒めたらどうなるのか……。

あなたの人生の役割が自ずとわかってくるでしょう。他人に聞く必要など何もなくなり、自分の人生は自分で決めて歩んでいけるのです。

黄金の巻　第九十五帖（六〇六）
　四季はめぐる。めぐる姿は◎《ウヅ》であるぞ。◎は働き、上れば下り、下れば上る。この神示読んだ今が出船の港、神の恵みの時与えられているのぢや。明日と申さず実行せよ。明日は永遠に来ないぞ。無いものぞ。今のみあるのぢゃ。（一月三日）

〈宇宙訳〉

四季は巡っています。

巡っているという姿は、サークル（環・輪）を現しています。

エネルギーが動くと、サークルという形は、上がったり下がったりしているとも言えるのです。

「宇宙の法則」を知ったまさに今のあなたは、船が出る港、暗い闇を照らす「灯台」のようなものなのです。

そのことに今気がついたのは、偶然ではなく必然なのです。

我々（創造主）高次元の存在とあなた自身が決めた「時」「タイミング」なのです。

明日から実践する、ということではなく「宇宙の法則」にせっかく出合ったのですから たった今、この時が再開する時なのです。

今のあなた自身が未来のあなたを創るのです。

今・今・今がつながって明日となるのです。

✴アシュタールからのワンポイントアドバイス✴

あなたは闇を照らす「灯台」なのです。
光輝き続けることがあなたの役割なのです。

Chapter 2

ひふみ神示には「宇宙の法則」が説かれている

——ミロクの世のために「魂の見直し」を！

執着を手放せば、ギフトがどんどんやってくる！

最近、「断捨離」という言葉をよく目にしますが、これも「宇宙の法則」に則った考え方です。「手放すものが大きければ大きいほど、大きなギフトがやってくる」と言いますが、その前に、そのことをあなた自身が信用していないと実行できないですよね。

いきなり大きなものを手放す必要はないので、小さなものから手放してみるのもいいかもしれません。

心の断捨離が効果的だと感じています。

私は最近、自分が損をするかもしれない場面でそのことを即座に手放す決断ができた時、次の瞬間、もっともっとすごい出来事や人や物のギフトが宇宙からやってくる経験をたくさんしています。「何かに執着するエネルギー」が、エネルギーの流れを滞《とどこお》らせるように思います。手放すことの大きなポイントは、執着心です。

執着心は自分の中のさまざまな箇所に潜んできます。自分では気がつかない箇所が多くあります。手放す必要のある執着心を発見できた時は、「おめでとう」って感じですね。そのようにしながら少しずつ薄皮を剥ぐように手放していくと、どんどんあなた自身の魂エネルギーが軽くなって輝いていくのだと思います。

ひふみ神示では、手放すことの重要性をいろいろな側面から教えてくれています。

光の巻　第一帖（三九七）

「光の巻」しるすぞ。地《くに》の日月の◉とは臣民のことであるぞ、臣民と申しても今のような臣民ではないぞ、◉人《ひと》共に弥栄の臣民のことぞ、今の臣民も掃除すれば地の日月の◉様となるのざぞ、自分卑《いや》しめるでないぞ、皆々◉◉《かみがみ》様ざぞ。

もの頂く時は、拍手《かしわで》打ちて頂けよ、◉への感謝ばかりでないぞ、拍手は弥栄ざぞ、祓《はら》いぞ、清めぞと申してあろうが、清め清めて祓いてから頂くのざぞ、わかりたか。

次の五の巻の謄写《とうしゃ》は四十九でよいぞ、十は◉よきに使うぞ、前のも十はよきに使うたぞ、わかりたか、皆に分けるぞよ、三は十二の巻の中からよきに抜きて謄写よいぞ。サイトウ、ヒノ、マスナガ、カザマ、サトウ、ハヤシ、サイ、カネシゲに神示《ふで》取らせよ。合わせて四十九の身魂《みたま》。二月二十四日、ひつ九の◉

〈宇宙訳〉

宇宙に存在する「光のシティ」と同じ波動を持ち、エネルギーに導くポイント!!

あなた方は肉体を持って地球に住んでいますが、肉体と魂の中は、小宇宙なのです。

小宇宙なのですから、あなた方の中に「創造主」が存在しています。

よって、あなた方は「創造者」なのです。

自分自身を卑下《ひげ》せずに、本来の自分を取り戻しましょう。

あなた方は、創造者なのですから、自分で自分の将来は創造していくことができるのです。

「宇宙の法則」からすれば、「手放せば手放すほど」それ以上の「ギフト」がやってきます。

「手放す」ことへの恐れや執着を祓《はら》い、自分の魂をゼロポイントにおき、

ニュートラルにしておくことを心がけましょう。

ライトボディを目指しましょう!

ライト……それは、自分自身の魂を軽くすること。
そして、身の回りを軽くすること……

最近、断捨離が流行《はや》っていますが、道理にかなっています。時の流れに沿っています。
自分自身の無駄なものはすべて「手放す」と、魂が輝きを取り戻します。

そして、ライト……光輝くのです。

地球のエネルギーはすでに「5次元」に変容を遂げています。
現在あると言われている「4次元」は、宇宙の創造主によりなくなります。

そして、ミロクの世がやってきます。
愛と光に満ちた、ミロクの世がやってきます。

ミロクの世とは、「宇宙は豊か」であり、

減るものはないとわかっている人々が暮らす世です。
現在の世は、「減る」という幻想が邪魔をしているので、「奪い合い」が起こるのです。

宇宙は豊かなのです。
何もかも、溢れるほど豊かなのです。
それが「宇宙」なのです。

それがわかれば、お互いに愛のエネルギー交換をすることで、素晴らしいミロクの世となります。

地球が5次元となったのであれば、
創造主のいる世界とも交信が容易に可能になってくるでしょう。

黄金の巻　第十六帖（五二七）
羹《あつもの》に懲《こ》りて鱠《なます》吹《ふ》いて御座《ござ》る人民よ。欲《よく》捨てるとわかって来るぞ。まことの欲深《よくぶか》になれよ。イロハの勉強とは、日々の生活を神示に合わすことぞ。この中から神示通りのカタ出せよ。出さねばならんぞ。わかった人ほど、口静かになるぞ。天狗が出て来て三日天下、それも御役、御役御苦労ぢゃなあ。良けりゃ立ち寄り、悪くなれば立ち去るような人民、早う退《の》いて見物《けんぶつ》して御座れよ。いつも日和見《ひよりみ》していると気の毒出来るぞ。神に使われるのは一通《ひと》りや二通《ふた》りの苦労では出来ん。

宗教によるもののみ天国に行くと考えるもの、自分の教会のみ天国に通ずるというもの、皆悪の眷族《けんぞく》ばかり。迷うなよ。迷うは欲からぢゃ。体験と理解のみ財産ぞ。神示肚に入ったら、それでもうよいぞ。去りて花咲かせ。肚に入るまでは去ってはならん。確《し》か心得よ。かのとり。一二十

〈宇宙訳〉
失敗に懲《こ》りたあまり、必要以上に用心深くなっている人々にお伝えいたします。

「欲」を捨てると見えてくることが多くあります。

真実の「欲」を出しましょう。

「宇宙の法則」を知るためには、日々の生活の中で使っていく必要があります。
「宇宙の法則」を生活の中に取り入れて、行動に移していくことが肝要です。
「宇宙の法則」を経験し、体得していった人々は穏やかな生活を送っていくことでしょう。

大盤振る舞いで表向き立派に見える存在が現れ、国を司っていく時が来ています。
しかしその存在たちの本質は、
自分がよい思いをするのであれば、その座にとどまりますが、
困ったことになると無責任な対応をして、立ち去っていきます。

その存在たちには、そのような外面にだまされるな！　ということを
皆さんに教えてくれるという役割があるのです。

内面は、外見と相違しており、そのような存在は初めから、
国を司るのを見学していればよいのです。

いつも自分が有利な方へなびき、自己確立していない人々は、

自分の魂の中に「ネガティブなもの」を発生させてしまいます。

そして、ミロクの世を創れるのは宗教だと思いこんでいたり、
自分の信じている宗教だけが、ミロクの世につながると思い込んでいたりします。

それは、宇宙的にはすべて幻想なのです。

宗教にすがる、何かに依存する……
その根本は、「欲」をエゴで使用してしまっている結果なのです。

ミロクの世に向かうのは、宗教の教えでも知識でもありません。

ただただ、あなたが「宇宙の法則」に理解を示し
実行することによって得た体験が、あなたの魂の財産となっていくのです。

「宇宙の法則」があなたの本質と融合した時に

もうあなたは、その法則に則り、悠々と豊かな人生を歩んでいくことができるでしょう。

「宇宙の法則」をきっちり使いこなせるようになるまでは、
意識をそちらに向け、継続していくことが肝要です。

その習得ができれば、あなたの人生は素晴らしい豊かさを惹き寄せるでしょう。

黄金の巻　第六十五帖（五七六）
　自分に捉《とら》われると局部の神、有限の神しかわからんぞ。自分捨てると光さし入るぞ。知はアイ、息は真ぞ。平面の上でいくら苦しんでも何にもならん。かえってめぐり積むばかり。どうどうめぐりぢゃ。てんしは奥山にお出ましぞ。（十二月十四日）一二十

〈宇宙訳〉
自分自身のネガティブな部分にとらわれると
「宇宙の法則」の一側面のみしか感じとることができないでしょう。

そのような状態では、「宇宙の無限の豊かさ」を
感じとることが難しくなっている状態なのです。

自分の執着心というものを「宇宙に手放す」ことや
多くの自分の不必要なものを「宇宙に手放す」ことを実践すると
「宇宙からのギフト」がやってくるでしょう。

手放すものが大きければ大きいほど
あなたにとって宇宙からのギフトは大きいものとなるでしょう。

そして、「宇宙の豊かさ」を受け取る覚悟をするのです。

覚悟とは、目醒めて悟ること。
それを知ることは「宇宙の愛」を体験すること。

そして、覚えておいていただきたいのは、あなた方の「呼吸」というものの存在です。

呼吸というものは、「宇宙のメッセージ」を自分に取り込むことにつながるのです。

自分のエゴに捉われそうな時は、深呼吸をしてリラックスし、

宇宙からのメッセージを受け取りましょう。

✴アシュタールからのワンポイントアドバイス✴

あなたの中の「執着」が現れた時、手放すものが現れたのだと喜び感謝して宇宙に手放しましょう！

私たちは自分の人生を自由に創れる「創造者」

アシュタールは、口癖のようにこう言っているのです。「あなたは、創造者なのですよ」と……。

そのように突然言われても意味がわからないですよね。

創造者とは、「自分の人生をクリエイトできる存在」です。

つまり、具体的に説明すると、あなたが「今の自分の人生って辛《つら》いよなぁ。違う人生歩みたいよなぁ」と感じていたとします。その「違う人生歩みたいよなぁ」という希望が実現できるということなのです。

私たちは、そもそもこの惑星に転生する時に、生まれる国、場所、環境、両親、性質、自分の人生のシナリオをすべて決めてきています。

その自分の人生のシナリオを創造主に報告して降りてきているのです。

自分で決めて、創造主にまで報告して生まれてきているのに、変えるのは無理だと思い込んでいる人も多いようですが、創造主は、さまざまなメッセージで私たちに伝えてくれています。

「あなた方は、『創造者』なのだから自分の人生を創造できるのです」「自分の未来は自分で決めていけるのです」と。

そうなのです。

私は、人生のハンドルを手にして自分の希望する場所に運転していけるのです。その時に感情という人生のナビゲーションシステムを自動車に積み、人生のドライブを悠々と楽しむことができるのです。

しかし、そうするためには「宇宙の法則」を知り、それに則って生きることを選択して、初めて実現することができるのです。

自分の人生のシナリオを予言者が言い当てて「あなたの将来はこうなります」と断言されても、あなたが嫌ならそのシナリオを変更すればよいのです。

よく聞くお話ですが「〇〇さんに『あなたは、こうなります』と言われましたが、一向にそうなりません」とか、複数の予言者や占い師にさまざまなことを予言されて自分軸が揺らぎ、自分は一体何者なのかがわからなくなって人生をさまよってしまっている方々がいます。そのような方々にお伝えします。もう予言者や占い師に依存する人生は終わりにしましょう。あなたは、素晴らしい能力をお持ちで、自分の人生をクリエイトすることができる「創造者」なのです。

ひふみ神示にも創造主から、そのようなメッセージが降りてきています。

黄金の巻　第二十三帖（五三四）

この神示読むとミタマ磨けるぞミガケルぞ。神示読むと改心出来るぞ。暮らし向きも無理なく結構に弥栄《やさか》、弥栄《いやさか》えるぞ。まだわからんのか。苦しいのは神示読まんからぢゃ。金の世済みて、黄金《きん》の世来るぞ。三年目、五年目、七年目ぢゃ、心得なされよ。欲しいもの欲しい時食べよ。低うなるから流れて来るのぢゃ。高うなって天狗ではならん道理。頭下げると流れ来るぞ。喜び、愛から来るぞ。神様も神様を拝み、神の道を聞くのであるぞ。それは⦿と◎と◎とによって自分のものとなるのぢゃ。融けるのぢゃ。一つ境があるぞ。世界の人民一人一柱《はしら》護《まも》りの神つけてあるぞ。人に説くには人がいるぞ。役員取り違いしているぞ。我《わ》れ善《よ》し信仰だからぞ。あまり大き過ぎるからわからんのも道理ながら、わからんでは済まん時来ているぞ。いざという時は日頃の真心もの言うぞ。付け焼刃《やきば》は付け焼刃。神拝むとは、頭ばかり下げることでないぞ。内の生活することぞ。内外共でなくてはならん。残る一厘は悪の中に隠してあるぞ。かのととり。一二十

〈宇宙訳〉

このメッセージは、「宇宙」からのメッセージ

つまり、あなた方を創造したものからです。

私は、あなた方の魂エネルギーをパーフェクトな状態で創造しました。

このメッセージを読み込み、あなた方の魂を目醒めさせてください。

あなた方の魂が思い出す時がもうすぐそこまで来ています。

「宇宙の法則」を知り、使いこなすことで、あなた方は「創造者」となれるのです。

「創造者」つまり、自分の人生は自分で創ることができるのです。

自分の人生を選択できるのです。

そもそもあなた方の本質の部分は、
自分が創造者であり、不可能なことはないのだと知っているのです。

思い出すのです。

自分が何者なのか！

なぜ、この惑星に来たのか！

そして、あなたがエキサイトすることを選択し、あなたが喜ぶことを実践するのです。

我慢をする必要はないのです。

苦行の時代は終わったのです。

水は低きに流れます。

水が流れるように、その流れに抵抗することなく
ゆらゆら、そよそよと流れに沿ってリラックスして人生を歩むのです。

その流れに背《そむ》いたところで、あなた自身に何の祝福も来ないでしょう。

水の流れるがごとく、「宇宙の法則」に則って流れていくのです。

委ねるのです。

そうすると、あなたの頭では予想もつかない出来事が起こり
喜びが湧きあがるでしょう。

そして、宇宙の豊かさを知るでしょう。

宇宙の豊かさを思い出すでしょう。

宇宙からのメッセージをキャッチしていくためには
人から人へ伝えていくことが必要となります。

宇宙の広大な豊かさや愛の法則は現在のこの惑星とは違いすぎるため、
理解できないのも無理はありません。

しかし、理解できないと言って避《さ》けていても
あなた方の環境は「宇宙の法則」に則って動いているのです。

日頃のあなた自身の「波動」「意識」により宇宙が動いています。

その時だけ、「宇宙の法則」がわかったふりをして実践したところで、
あなたの内側の「意識」「波動」が変わっていなければ、
宇宙は今まで通りのあなたの波動をキャッチして、あなたの未来を導くことになるのです。

大事なことは、神に手を合わせ頭を下げることではないのです。
あなたの内側の意識改革が必要なのです。
あなたの「波動を上げる」ことが大切なのです。

宇宙が一瞬一瞬のあなたの波動をキャッチして
あなたの周囲の出来事が決まっていくのです。

外からの見た目だけ取り繕《つくろ》っても、
宇宙はあなたの内面の波動で動いていますので、真実のみが惹き寄せられるのです。
あなたの外側に原因を求めても答えはないのです。

すべては、あなたの波動から創り出されているのです。

黄金の巻　第七十四帖（五八五）

貰《もろ》うた神徳に光出す人民でないと、神徳を我れ善しにする人民にはおかげやらん。自分が自分で思うようになるまいがな。自分が自分のものでないからぞ。自分のものなら自由になると申してあろうが。道を進めば楽に行ける。道行かんで山や畠《はたけ》や沼に入るから苦しむのぞ。神の仕組のわかる人民二三分出来たら、いよいよにかかるぞ。まだまだ改心足らん。神急《せ》けるぞ。魂にめぐりあると何してもグラリグラリと成就せんぞ。めぐりのままが出て来るのであるぞ。心のよきもの、神にまつりて、この世の守護神と現わすぞ。理窟はわからんでも真理は摑《つか》めるぞ。信念と真念は違うぞ。信念は自分のもの。信念超えて真念あるぞ。任せきったのが真念ぞ。迷信が迷信でなくなることあるぞ。ぢゃと申して信念がいらんのでないぞ。もう待たれんからわかりた人民一日も早く奥山に参りて神の御用結構につとめあげて下されよ。世界中を天国にいたす御用の御役、つとめ上げて下されよ。人間の念力だけでは何程《なにほど》のことも出来はせんぞ。その念力に感応する神の力があるから人間にわからん、びっくりが出て来るのざぞ。（一月三日）一二十

〈宇宙訳〉

「宇宙の法則」に則って「宇宙の豊かさ」を得た時には
自分の宇宙での役割をひしひしと理解することができるでしょう。

自分が自分の本質とつながって、共同創造しているのであれば、
この惑星に存在している自分は「創造者」になっているのです。

自由に自分の人生を創造していくことができるのです。

自分の道を進んでいくのであれば、宇宙のサポートを受けて
楽《らく》に楽しく歩んでいけるでしょう。

しかし、もし楽に楽しく歩んでいないのであれば、
それは自分の道ではなく、山や畑や沼に入っているのではないでしょうか？

その時はもう一度、自分の本質とつながり、しっかりと自分の道を歩むように整えましょう。

この「宇宙の法則」を理解し、実践する人が人口の2割か3割になってきたら、
いよいよこの「宇宙の法則」を、この惑星のすべての人々に伝え広げていく時なのです。

自分の軸がしっかりできていないと、何をしても達成することはないでしょう。

ぐらぐらと軸が揺らいで、その揺らぎに適した物事を惹き寄せてしまうでしょう。

反対に「宇宙の法則」に則って、自分軸をしっかりと定め進んでいる人々は、
理屈ではなく、知識や理屈がわからなくても
「宇宙の法則」の真実を摑むことが可能でしょう。

信念と真念とは違うものなのです。

信念とは、自分自身のもので、
その自分の信念を超えたところに真念が存在するのです。

今までの世界で「迷信」と言われていたことが「迷信」でなくなり、
「宇宙の真実」である場合が出てくるでしょう。

だからと言って、「信念」が必要なくなると言っているのではないのです。

その内容を見分け、判別できるのであれば、宇宙とのつながりを取り戻します。
「宇宙の法則」をしっかりと実践しましょう。

そして、自分は何者なのか、どんな役割があるのかを
わかった人々から実践していきましょう。

この惑星、つまり世界中をミロクの世、光輝く世界にするための
役割のある方はしっかりと務めあげましょう。

人間の念力だけでは、小さなことしか成就しないでしょう。

しかし、宇宙の叡智、愛、パワーをチャージし、使いこなせば
予想だにしない出来事が次々と起こってくるのです。

そして、その出来事を喜び、受け取り、波動を上げていきましょう。

黄金の巻　第百帖（六一一）

真理を理解して居れば心配いらん。失敗も財産ぞ。真剣で求めると真剣授かるぞ。求めるとは祈ること。よく祈るものはよく与えられる。日々の祈りは行であるぞ。百年祈り続けても祈りだけでは何もならん。それは祈り地獄ぢゃ。祈り地獄多いのう。肉体人は肉体の行せねばならん。日々の祈り結構いたしくれよ。次の祈りは省みることぞ。いくら祈り行じても自分省みねば、千年行じても何もならん道理ぢゃ。同じ山に登ったり降ったり、御苦労のこと、馬鹿の散歩と申すもの。悔い改めよと申してあろう。省みて行ずるその祈り弥栄えるぞ。平面の上でいくら働いても、もがいても、平面行為で有限ぞ。立体に入らねばならん。無限に生命せねばならんぞ。立体から複立体、複々立体、立々体と進まねばならん。一から二に、二から三にと、次々に進めねばならん。進めば進むほど、始めに帰るぞ。丶に到るぞ。立体に入るとは誠の理解生活に入ること

ぞ。無限に融《と》け入ることぞ。イワトあけなば富士輝くぞ。弥栄々々。（一月十八日）

〈宇宙訳〉

「宇宙の法則」を理解し実践していれば、
底知れず安定感・安心感・やすらぎを感じることでしょう。
短期的に見るとネガティブなことでも、長期的に見ると、
それがあったからこそ自分自身が稀《まれ》に見る成長を遂げられたり
人との信頼関係を結べたりするのです。

真剣に取り組み、望むと
宇宙からはっきりとしたギフトがやってきます。

それをあなたは、感じとれることでしょう。

「真剣に取り組む」ということは、「宇宙の法則」に則って

自分の人生を「宇宙に委ねる」ということです。

百年「祈り」続けても、結果に変化をもたらすことは少ないでしょう。

宇宙や見えない「神」という存在に、いくら懇願し、必死に祈っても
それは実現しないでしょう。

まず、祈りを捧げるあなた自身が、しっかりと自律する必要があるのです。

あなた自身が自分の人生を創造する「創造者」である自覚を持ち、
この惑星で自分の役割を果たす覚悟をし、自分を愛し、
永遠の光の存在であることを受け止め、
自分の感情をコントロールしながら、自分の人生に責任を持ち、
光の存在として波動を輝かせ生きていくのです。

宇宙の視点に立って、もう一つの高次元の自分の本質と

しっかりつながり会話をして、自分の役割を見つめながら進むのです。

高次元の自分の本質とは、あなたが創造主に創られたその時のあなた自身なのです。

あなたは、創造主に近くパーフェクトに創られているのです。

あなたの魂が創造されたその起源に戻るということになるのです。

常に同時に多次元で存在している自分の本質としっかり対話をしていくと、宇宙の本質、そしてこの惑星で生きる、あなたの本質がわかってくるでしょう。

あなたは、光り輝く永遠不滅の存在なのです。

✴アシュタールからのワンポイントアドバイス✴

あなたは、自分の人生のシナリオを自由自在に変更できるのです。

あなたには、その能力が潜んでおり、それは創造主との約束でもあるのです。思う存分使いましょう！

あなたがこの惑星に転生してきた目的は!?

ズバリ、私たちは、この地球上に肉体を持って生まれることを選んできました。

そして、日本という国を選びました。偶然ではなく、必然なのです。

私たちは、この地球が大変な時に降り立ちたいと懇願してきたに違いありません。

その記憶を忘れていますが、私たちは宇宙の中でも「勇者」だったのだと思います。

今、この地球の変容は、今までの地球の思考では乗り越えられないところに来ています。従来の人間が創った「法律」「倫理」「道徳」ではなく、「宇宙の法則」を加味して、まったく新しい仕組みづくりをする必要があるのです。

女性に生まれている方は、「女神」として率先して行動する役割があるのです。そして、「宇宙の法則」を実践していくのが私たち「女神軍団」なのです。

従来の「男性社会」のように、競争し、闘う社会では答えが見つかりません。私たち「女神軍団」が魂を一致させ、今までにない思考を取り入れ、すべてを包括する「宇宙の愛」を根本として、色々と取り組むことが必要になってきます。

「女神軍団」の中にはもちろん男性も存在しています。

女神が今後の世界で必要であるという理由の一つに、二極性や二元性の世界からの脱却という課題があります。

善い悪いという評価をするのではなく、お互いに喜びにつながる方法を探すということです。そうなれば、自己主張ばかりするのではなく、かと言って我慢を推進しているのでもないのです。双方が「やったぁ〜」と喜びあえるような解決方法が必要なのです。それを可能にしていくのが女神という本質なのです。

それについて具体的なメッセージが、ひふみ神示に書かれているのです。

黄金の巻　第十一帖（五二二）

今度のイワトびらき、神と人との九十運動ぞ。立て替えの守護が大切ぞ。まず一筋の天地の道から変えるのぢゃ。次に人の道つくるのぢゃ。経と緯であるぞ。人の道と天地の道と間違えているぞ。人の道は花色々と咲き乱れ、織《お》り交《ま》ぜて、楽し楽しのそれぞれであるぞ。自分で自分のことしているのであるが、またさせられているのであるぞ。大き自分に融《と》け入ったとて小さい自分無くなってしまうのでないぞ。神人《かみひと》ぞ。天地《あめつち》ぞと申してあろうが。善も仮ぞ。悪も仮ぞ。よく心得なされよ。かのととりの日。一二十《ヒツキノカミ》

〈宇宙訳〉

次の「岩戸開き」は、宇宙が9割あなた方が10割行動するのですよ。
社会の仕組みを変えることが大切なのです。

まずは、宇宙とつながり、「宇宙の無限の叡智」をキャッチするのです。
次に、「人の道」をつくるのです。

人の道と宇宙へつながることを分けて考えましょう。

人の道とは、多種多様の思考や行動や個性がさまざまあるのです。
その多様性を学ぶために、あなた方は、この惑星に肉体を持って転生することを選択したのです。

多種多様なものの中から自分の中にないものを学び、自己拡大していくことが、あなた方の魂の成長へとつながっていくのです。

そして、自分自身の本質とつながり、わくわくエキサイトして楽しく目的を達成していく中で、自然と天命が達成されていくのです。

自分の魂が成長拡大し、宇宙とつながっていっても個体としての自分は存在するのです。

宇宙には、「善悪の判断」はありません。
あなたの周囲で存在しているということは、宇宙が認めているからなのです。

✴アシュタールからのワンポイントアドバイス✴

他者との相違を認め、受け入れること、

それがあなたの魂の成長拡大につながることを知りましょう。

あなたの魂の成長拡大は、宇宙の創造主の成長拡大に貢献しているのです。

国を輝かせる真実の政治の姿

ここには、ひふみ神示で導かれている「真実の政治家」の役割が記されています。

今生きているこの地球上で常識だと思い込んでいたことが覆《くつがえ》される内容が多々あります。

しかし、ここに書かれていることこそ人間の本来の本質であり、人間らしい生き方なのだと思います。現代、歪《ゆが》みきっている事柄を「真実の姿」に戻すまでには、それ相応の覚悟が必要だと思います。

政治とは本来の役割を担う魂の持ち主たちが治めていくべきものです。いつの間にか、利権まみれになっていき、エゴの塊の政治家がほとんどを占めるようになってしまっています。

国民も賢明になってきており、マスメディアからは信用できない偏った内容の情報しか流れてこないという、この国の現実をよく理解してきています。

マスメディアは、いくつか特定の大企業の利権を守るために保守的に働く構造になっているようです。事実を報道しないマスメディアの存在に意味があるのだろうかとさえ感じる方々のお声もよく耳にします。

マスメディアに限らずすべての職業において、そもそもあなた方はどのような役割を担っていたのか？　という原点に戻る時が来ています。その原点について記されている内容です。

光の巻　第三帖（三九九）

（前略）取り上げたもの何にもならんのぢゃ、捧げられたものだけがマコトじゃ、乗り物もタダにせよ、田からも家からも税金取るでないぞ、年貢取り立てるでないぞ、何もかもタダぢゃ、日の光見よ、と申してあろうが、（金《かね》はいらんと申してあろが、）暮しむきのものもタダで取らせよ、タダで与える方法あるでないか、働かん者食うべからずと申すこと理屈ぢゃ、理屈は悪ぢゃ、悪魔ぢゃ、働かん者にもドシドシ与えて取らせよ、与える方法あるでないか、働かんでも食べさせてやれよ、何もかも与えぱなしぢゃ、そこに⦿の政治始まるのぢゃぞ、⦿の経済あるのぢゃ。やって見なされ、人民の算盤《そろばん》では木の葉一枚でも割り出せないであろうが、この方《ほう》の申すようにやって見なされ、お上《かみ》は幸《さち》で埋もれるのぢゃ、余るほど与えて見なされ、お上も余るのぢゃ、この道理わかりたか。仕事させてくれと申して人民喜んで働くぞ、遊ぶ者なくなるのぞ。
皆々⦿の子ぢゃ、⦿の魂《たましい》植えつけてあるのぢゃ、長い目で見てやれ、惜しみなく与えるうちに人民元の姿現れるぞ。貪《むさぶ》ると悪になって来るのぢゃ、今のさま見て改心結構ぞ、算盤捨てよ、人民⦿とあがめよ、⦿となるぞ、泥棒と見るキが泥棒つくるのぢゃ、元の元のキの臣民、地《くに》の日月の神ぢゃと申してあろうがな、六月十七日、かのととりの日、ひつ九ノか三。

〈宇宙訳〉
政治のみならず、すべての人々が「宇宙の法則」に則るのであれば
「取り上げる」という行為は百害あって一利なしなのです。
お互いが心を込めて「捧げあう」、
国を愛した国民が国に対して「捧げものをする」、
その捧げものを受け取るという行為のみが、本来あるべき政治の姿なのです。
国民から税金を徴収することは、あってはならないのです。

何もかも無料にするのです。

太陽の光を浴び、自然界の恵みに感謝し、その恩恵を受けて生活をしていく中には、貨幣の必要はなくなるのです。

暮らしに困っている人々が安定して生活することができるようにサポートしていく方法をとりましょう。


「働かざる者食うべからず」ということわざは、屁理屈です。

左脳のみを使った考え方では、よい答えを得ることはできないでしょう。

与える方法はいくらでもあるのです。

宇宙とつながり、宇宙の叡智を降ろせば、たくさんの方法が出てきます。

「宇宙の法則」に身を委ねることから、真の政治が始まるのです。

高次元レベルの智慧が湧き、思いもよらなかった現象が起きてくるでしょう。

「宇宙の法則」にそった政治をやってみてはいかがでしょう。

この惑星の方々がいる今の3次元世界では、
解決できないものも宇宙に身を委ね、「宇宙の法則」に則って政治を司ることにより、宇宙の豊かさをダイレクトに感じることができるでしょう。宇宙は豊かなのです。

その宇宙を信頼し、自分たちの不必要なものは宇宙に手放し、ライトボディになっていく。
政治も同じように、不必要なものを見直し、ライトになっていくようにしましょう。

相手に見返りを求めない!
自分と相手という二次元、二極性の文化を手放すことに今後の解決の糸口が見つかるでしょう。

わかりやすく言いますと、「宇宙銀行に貯金する」イメージでしょう。
金銭だけではなく思いやりや親切心、愛などを
「宇宙銀行」にどんどん貯蓄していくことで3次元的にも豊かさが循環してくるのです。

エネルギーを循環させる、という視点で行動してみてはいかがでしょう。

政治も同じです。
宇宙の豊かさを信じ、国民に対して分け与えていく政治を実践してみましょう。

まず、国（政治）が国民に対し「愛」を注ぎ与えていくことで
国民の心が安定して「愛」を思い出し、
愛を思い出した国民は国（政治）に感謝し、国のために喜んで働くようになるでしょう。
「分け与える」という行為をすることにより、「宇宙の法則」に
則ることになりますので、自《おの》ずとエネルギーの循環が起きて
国民は喜んで働き、働かない人々はいなくなるでしょう。

肉体を持つすべての人々の肉体に「小宇宙」があり、
その中には「創造主」がいるのですから、
徐々に「創造主が存在する心」を思い出してくるでしょう。

政治が国民に「愛」を注ぎ続けることによって、
国民は元来の「宇宙につながっている自分」を思い出し、
取り戻してきますので、信頼し続けましょう。

政治が国民から取り上げよう！　吸い取ろう！　とすると、
「宇宙の法則」「鏡の法則」にもあるように
国民もそれに反応し、ネガティブなエネルギーが現れてくるのです。

現在の政治を見ていると、この構造がよく理解できると思います。
左脳を使った「損徳勘定」を捨て去りましょう。
国民を「創造主」だと思い、そのように接することにより、
本来の「創造主」としての個々人が現れてくるのです。

相手を疑う気持ちが相手に伝わり、相手のネガティブな部分が引き出されるのです。

逆に相手を信頼する愛が相手に伝わり、双方に愛が循環するのです。

元来、この惑星の人々は、「創造主」とつながっており、
小宇宙の創造主でもあるということを覚えておいてください。

光の巻　第四帖（四〇〇）

祀りてない時はお日様とお月様拝《おろが》めよ、マトとせよ。裁判所《しらす》いらんぞ、牢獄《ろうや》いらんぞ、法律いらんぞ、一家仲ようしたらいらんのぢゃ、国も同様ざぞ。そんなことすれば、世の中メチャメチャぢゃと申すであろうが、悪人が得すると申すであろうが、誰も働かんと申すであろうから、与える政治ダメぢゃと申すであろう、人間の小智恵《こぢえ》ぢゃ。そこに人間の算盤の狂うたところ気づかんか、上に立つ人もっともっと大き心結構ぞ、算盤なしで梶《かじ》とらすぞ、⦿の申す通りに進むのぢゃ、これが出来ねば一段下がって頭下げてござれ、あまり大き取り違いばかりぢゃぞ、悪の守護となっているからぢゃ、ここの道理わかるまでは動きとれんのぢゃぞ。

世界国々所々《くにぐにところどころ》に世の大洗濯知らす神柱《かみばしら》現わしてあろうが、これは皆この方の仕組ぢゃから、皆仲良う手引き合ってやってくれよ。六月十七日、かのととり、火つ九のか三。

〈宇宙訳〉

政治をしていない時には、日の出や日の入りなど太陽や月の満ち欠けを感じ、自然のバイブレーションに意識を向け、太陽や月からのエネルギーを取り入れた生活をすることで、自然と感謝の心がよみがえってきます。

宇宙の視点では、パラレルワールドの世になっているのです。


宇宙には時空がありません。

従って、時空次元を超えて並行世界が存在しているのです。

それは、自分自身の意識でどの世界に存在するか決めることができます。

自分自身の波動で決定できるのです。

自分自身の意識の中に「犯罪」というものを存在させることがなければ
あなたの住む世界は、「犯罪」のない世界となります。

「犯罪」のない世界……という意識ではありません。

「犯罪」のない……と思っても、「犯罪」という言葉がすでにあなたの脳裏で言語化しています。

つまり、あなたの意識に「犯罪」という文字がどこにもない状態ということです。

あなたの意識が一瞬でも、人を疑ったり、不安や恐怖を感じたのであれば、
一瞬のうちにその世界が実現します。

あなたの意識によって、あなた自身が、「犯罪」の存在する世界へと移動するのです。

あなた自身の心が穏やかで良い波動を出していれば、
あなたの家族も調和し、素晴らしい波動を発する家族となります。

一つ一つの家が素晴らしい波動を出せば、
国全体も素晴らしい国となっていくのが「宇宙の法則」なのです。

国を司る政治も同様の考え方です。
政治自体の考え方を、まずリスクありきで考えるのではなく、
人々を信用するところからはじめる意識が大切なのです。

国民を聞き分けのない子どものようなものだという認識で国を動かそうとすると
現実の世界にも、その不安と恐怖が現れ、
国民も聞き分けのない子どものレベルとなっていくのです。

それでは、「悪人が得をするではないか」「働く者がいなくなるのではないか」と言う人々が出てくるのが目に見えるようです。

しかし、それは3次元しか知らない肉体を持つ人間の幻想なのです。
あなた方の地球という惑星は、宇宙の一部なのです。
あなた方の惑星も「宇宙の法則」によって動いているのです。

宇宙からは、あなた方は規制をつくることで、
自分たちで自分たちの首を絞めている様子が見えているのです。

幻想の世界を幻想の世界と見破り
「宇宙の法則」に則ることが、ミロクの世を
創っていくことになることを理解されたらよいかと思います。

現在の世の仕組みは、意図的に一部のエゴの存在により、操られている世界なのです。

一部のエゴの存在がこの惑星の人々を少しずつコントロールして、
思うように操っているのです。

あなた方は「能力がない」「何もできない」
そのような思いを少しずつ刷り込まれた生活をしているのです。

今、この時に「宇宙の法則」を知り、宇宙の視点で意識を転換することにより
すべての人々に宇宙の豊かさが与えられる
愛と光のミロクの世を迎えることができるのです。

「便利」という名のもとに、あなた方の能力が少しずつ低下しています。

「手」は、何のために使われていますか？
「頭」は、何をしていますか？

本来の肉体を持った人間の能力とはかけ離れた現実が、近づいてきています。

一部のエゴの存在のエゴを満たすための世の仕組みのせいで、
いかに多くの人々が犠牲になっているか、
もうそろそろ気づく時がやってきています。

自然災害と思っていることは、実は「人災」であったりするのです。

一部のエゴの存在のエゴを満たす世界にピリオドを打ち、
全人類が等しく宇宙の豊かさを受け取れる正常な世界に戻りましょう。

秋の巻　第十四帖（七五五）

グッと締めたり、ゆるめたりして呼吸しなければならん。其処《そこ》に政治の動きあるぞ。経済の根本あるぞ。逆に締めることもあるぞ。善と申し悪の御用と申すことの動き、そこから出るのぢゃ。ジッとしていてはならん。ジッとしている善は善でないぞ。

〈宇宙訳〉

この惑星の自然な流れには、人間の肺のような動きがあるでしょう。
つまり、呼吸をする度に肺は膨らんだり縮んだりしながら血液に酸素を送っています。
物質世界の政治の動きや、経済の動きの根本的な理論となります。
膨らんだり縮んだりする動きの中で、健全な世界が保たれていくのです。

この惑星では、膨らみ緩める時であるのに逆に縮めて締めてしまう時があるのです。
そうすると、自然の流れとは逆行し、
人々が人間らしく高次元と交流しながら生活していきにくくなります。
今がその時のようです。

緩める時が到来しています。

これが善いことだという行動や、これは悪の公務なのだという行動、
それぞれその思考から脱皮する時が来ているのです。
そのままの状態で止まっているのではなく、
地球のエネルギーの変容と共にその時期に合わせた行動の変化も必要になっているのです。

これがよいことだと主張し続け、そこで止まっているのは、善の行動ではないと察しましょう。
善は悪を包んで溶かしていく時代なのです。

秋の巻　第十五帖（七五六）

何程世界の為ぢゃ、人類の為ぢゃと申しても、その心が我《が》が強いから、一方しか見えんから、世界の為にならん。人類の為にならんぞ。洗濯ぢゃ、洗濯ぢゃ。自分が生んだもの、自分から湧き出るものは、いくら他に与えてもなくならんぞ。与えよ、与えよ、与えてなくなるものは自分のものでないと申してあろう。無くなると思うのは形のみ見ているからぢゃ。カラのみ見るからぢゃぞ。本質は無限に拡がるぞ。与えるほどよりよく、神から与えられるぞ。井戸の水のようなもんぢゃ。汲めば汲むほどよくなる仕組。

〈宇宙訳〉
どれほど世界のため、人類のためと言っても、
その心が利己的な心から発していると、視野が狭くなり
高い位置から広く見ることができなくなるので、世界のためにはならないのです。

その視点では、人類のためにはならない。

手放しましょう。手放しましょう。
魂のクリーニングをしましょう。

自分が生んだもの、自分から湧き出るものなら
いくら他に与えてもなくならないでしょう。

手放すことが魂のクリーニングにつながるのです。

手放して、与えて、なくなるものがあるのであれば
それは、自分が持っているべきものではなかった、ということなのです。

なくなると感じるのは、形が見えているものにしか
意識がいっていないからなのです。

上っ面しか見ていない、あるいは、見えていないからなのです。

「宇宙の法則」においての本質では無限に広がるのです。

与えるほどに、手放すほどに、よりよいもの、よりよい方向に
宇宙からのギフトが与えられるのです。

井戸の湧水のようなもので
汲めば汲むほどよくなる仕組みなのです。

秋の巻　第十六帖（七五七）

統一ということは、赤とか白とか一色にすることではないぞ。赤もあれば黄もあり青もあるぞ。それぞれのものは皆それぞれであって、一点の、でくくるところに統一あるぞ。くくると申して縛るのでないぞ。磁石が北に向くよう、すべて一点に向かうことであるぞ。これを公平と申し、平等と申すのぢゃ。悪平等は悪平等。一色であってはならんのう。下が上に、上が下にと申してあるが、一度で治まるのでないぞ。幾度も幾度も上下に引っくり返り、また引っくり返りビック

リぢゃ。ビックリこねまわしぢゃ。

〈宇宙訳〉

ミロクの世、新しい世にするためには「統一」が必要と言っていますが、「統一」とは、赤と白を一色にすることではないのです。

赤もあれば黄色もあり、青もあるということです。

みんなそれぞれの個性や役割を持ち合わせながら、一点でくくるところに「統一」というものがあるのです。

くくると言っても、縛るという意味ではないのです。

磁石が北に向くように、すべて一点に向かうということなのです。

これを「公平」といい、「平等」というのです。

平等という言葉を間違って使うと、一色でないといけないという思考になるのです。

本質は一色であってはならないのです。

幾度も幾度も上下がひっくり返り、またひっくり返りということになるでしょう。

ひっくり返ることに根回しをしておくという考えもあるのです。

✴アシュタールからのワンポイントアドバイス✴

「愛」がすべてをクリアにするのです。

「愛」を基調に新しい社会のあり方を考えるのです。

ステージアップなのです。

今後、地球全体に起こる変化とは？

「魂と肉体は一体」という考え方は、近年、医療の世界でも導入されつつあります。

私は、看護師としてターミナルケア、死を迎える人々のケアにも携《たずさ》わってきました。

この考え方は、病気の治癒力にも大きく関係しています。いろいろな研究もなされていますが、たとえば、医学では説明できない何らかの力で、がん細胞が消滅したというような話を耳にされたことのある方も多いのではないかと思います。

実は私も「子宮筋腫」という病気にかかり、2011年1月に手術の予約まで入れていました。医師に「このまま放っておいたら死んでしまう」と言われるほど、貧血が急激に進み、心臓への負担も大きくなっていました。私が今までいた医療の世界の常識では手術という判断は当然なのですが、私は「自分で治してやろう。医療の世界にいるのだから、血液検査を定期的に実施すれば、本当に危ない状況は今まで医療の世界にいた知識を使えば、自分で判断がつけられる」と、ギリギリまで自分の力を信じてみようと思いました。これは、自分が医療現場にいたからできたのだと思います。

それから、私がどんなことを試みたかというと、「魂の見直し」をまず実践しました。そして、自分自身の本質に素直になることを選択し、次にしたのは「自分は創造主の娘であり、永遠不滅の光の存在なのだ」ということを自分に宣言しました。毎日それを継続して気づいたことは、自分は男性社会で闘い、勝つためには自分が女性であることが邪魔になると思って生きてきたということです。そして、女性性を拒否している魂が「子宮筋腫」という病気となって私に知らせてくれていたことを知りました。知らせてくれた細胞たちに感謝しました。

私は、女性であることに喜びを感じ、受け入れ、その特権を活かして生きようと決意し、そのようなアファメーションを日々声に出して言い続けました。すると、アファメーションを開始した1カ月後の血液検査の数値が改善されていました。

その時にはもちろん医学的な治療は一切していませんでした。

しかし、細胞たちは私を応援し、サポートしてくれて、半年後には血液検査の数値は正常値に改善していました。

自分の体験した結果からも魂と肉体は一体であることを理解しました。

細胞は、私のとても大切な親友です。この肉体をお借りしているから、今の役割が担えるのです。そして、楽しい人生を送らせていただけるのです。

毎日感謝の心をこめて、服を着替えたり、お風呂に入ったりしています。体を洗う時は「ありがとう」と言って丁寧に洗うように心がけています。重要な役割を果たしてくれている肉体に、愛を注ぐことは大切なことだと思います。やはりすべては愛が基本となっているのです。次のメッセージには、そのためのアドバイスが込められています。

黄金の巻　第十八帖（五二九）

祈れば祈るほど悪うなることあるぞ。結構な道とわからんか。心して迷うでないぞ。天国の門、貧者富者の別ないぞ。別ある境界つくるでないぞ。世界中一度にゆすぶると申してあろう。釦《ぼたん》一つででんぐり返ると申してあること、未《ま》だわからんのか。神罰はなし。道は一つ二つと思うなよ。無数であるぞ。（但し内容は一つぞ。）新しき道拓《ひら》いてあるに、何故進まんのぢゃ。

下腹からの怒りは怒れ。胸からの怒りは怒るなよ。昔から無いことするのであるから、取り違いもっともであるなれど、分けるミタマ授けあるぞ。高い天狗の鼻曲げて自分の香嗅《か》いで見るがよいぞ。鼻もちならんぞ。今までのことちっとも交らん新しき世になるのであるから、守護神殿にも、わからんことするのであるから、世界の民みな一度に改心するように、どん詰《づま》りには致すのであるなれど、それまでに一人でも多く、一時も早く、改心さしたいのぢゃ。気ゆるめたら肉体ゆるむぞ。後戻《あともど》りばかりぢゃ。霊人《れいじん》と語るのは危いぞ。気つけくれよ。人は人と語れよ。かのとりの日。一二十

〈宇宙訳〉

祈り方、すなわち宇宙とのつながり方を習得しましょう。

宇宙とのつながりがしっかりしていれば、
まるで台風の目の中にいるようにいつも穏やかで晴天なのです。
あなたの魂がそのような状態になるのです。

あなた方がこの地球に肉体を持って転生している理由は、
多様性を経験することで、自分自身を拡大成長させていくことなのです。

この惑星のエネルギーの変換とともに、
あなた方は今のこの地球が幻想の社会であるのだということを体験する時が来るでしょう。

現在のあなた方の社会での常識が覆り、新しい世界となるのです。

そのことを察して、今は準備をする時なのです。
新しい道が開拓されているので、
エゴの感情で怒ることを手放して開拓された道を進みましょう。

宇宙の高次元の存在たちも経験したことがないことが、今から起こってくるのですから、あなた方がそのことを取り違えるのは、仕方のないことなのです。

しかし、宇宙は豊かなのですから、足りないものはないのです。

今現在ご自分が「正しい」と思い込んでいることや常識と確信していることなど、自分自身の器《うつわ》をもう一度チェックしてみればよいでしょう。

そして、自分の器の拡大成長を図りましょう！
今後は、まったく新しい世となります。

新しい世は、過去の世とは少しも交わる部分がないほど違っているのです。
あなた方を近くで守っている存在たちにもわからない現象が起こるのです。
日本だけではないのです。地球全体に起こるのです。
ですから、地球全体、世界中の人々の思考の変換が必要なのです。

最後には、すべての人々が強引にその世になじむようになるとは思いますが、外的な圧力で実現するより、自分で悟り、自覚していただきたいのです。

魂と肉体は一体です。魂を常にクリアにしておくことが大切です。
魂の叫びが肉体に現れてくるのです。
肉体に支障が現れてくると、魂が病《や》んできます。
双方は、表裏一体なのです。

病んだ魂は、病んだ魂を惹き寄せます。
病んだ魂同士で結論を出すのは避《さ》けましょう。
そこでは、宇宙につながるための答えは出ません。

自分が病んできたと感じた時には宇宙とつながることに集中しましょう。

宇宙につながっている者と話をしてみましょう。

黄金の巻　第六十四帖（五七五）

何処で何していても道さえ踏んで居れば弥栄えるぞ。行き詰まったら省みよ。己の心の狂い、わかって来るぞ。神から伸びた智と愛でないと、人民の智や学や愛はすぐペシャンコ。やりてみよれ。根なし草には実は結ばんぞ。お尻出したらお尻綺麗に拭《ふ》いてやれよ。怒ってはならん。子の尻と思うて拭いてやれよ。わかった人民よ。今の内は阿呆《あほう》結構ぞ。一つに和して御座れ。人間心で急ぐでないぞ。（十二月十四日）一二十

〈宇宙訳〉

どこで何をしていても「宇宙の法則」に則り、「愛」のもとに進んでいれば、繁栄するでしょう。

もし、あなたの人生が「行き詰まり」を感じたのであれば、今の自分の波動をチェックしてみましょう。

波動を輝くものに保つためには、自分の感情にフォーカスし、ポジティブな感情にステージをもっていくことを心がけましょう。

そして最も大切なことは、「宇宙としっかりつながること」なのです。

肉体を持つ人間の「脳」というのは、「宇宙の叡智」を導くためのツールなのです。

そのツールである「脳」を「宇宙の叡智」と錯覚することがないように心がけましょう。

「宇宙の叡智と愛」は、深く広大であり、無限です。

そのことを思い出し、目醒めた方々は、
宇宙はワンネスであることをも思い出すことでしょう。
宇宙の魂はみんな一つに融合しているのです。

この地球という惑星の次元で、焦り急ぐ必要はありません。

「宇宙の法則」に身を任せ、ただただ委ねることを実践しましょう。

✴アシュタールからのワンポイントアドバイス✴

今後ますます「宇宙の法則」に則った世界が訪れるでしょう。受け入れること、取り入れることで、あなたの人生が一瞬で輝きはじめるのです。感じてみましょう！

宇宙はあなたに変容を求めている

ひふみ神示のメッセージは、ほぼすべて「宇宙の法則」を説いていると言っても過言ではないと思います。地球上に住む私たちが常識として当たり前に過ごしていることへの変容を求めるメッセージを強く感じます。

「宇宙の法則」を知るにつれ、日本社会での制約や自分で自分に課している制約の無意味さを感じています。そして、高次元の存在たちが宇宙の視点で私たちを見ると、実に滑稽《こっけい》に見えるかもしれませんが、誠実にメッセージを伝え続けてくれていることに「愛」を感じるのです。

ミロクの世とは、私たち地球人が創造者となって自分たちで創りあげていく世界だと受け止めています。高次元の存在たちに「地球は今後どうなりますか?」と尋ねるようなことは、今後なくなると思います。逆に「あなたは、どうしたいのですか? どのような世界に住みたいのですか? 住みたい世界を具現化してみたらいかがですか」と返ってくるように思います。

ミロクの世は、光輝き、愛に満ち、何の支配もなく自由な世界なのだと思います。自分の思うように人生を生きることができ、個性というものが尊重され、誰にもジャッジされない世界、まるで宇宙のような世界をこの地球に投影するのがよい方法なのかもしれません。

光の巻　第二帖（三九八）
天之日月《あめのひつく》の大神様は別として、雨の神様、風の神様、岩の神様、荒《あれ》の神様、地震の神様、釈迦、キリスト、マホメット様、百々《もも》の神様、皆同じ所に御神体《ごしんたい》集めてマツリゴトされよ、天《あめ》の奥山、地《くに》の奥山、皆同じぞ、御土《おつち》皆に分け取らせよ。二月二十六日朝しるすぞ、ひつ九ノか三。

〈宇宙訳〉

宇宙の創造主とは別ですが、世界中で信心の対象とされているさまざまな「神」と呼ばれる高次元の存在たちを宇宙の高い次元から見てみると、「ワンネス」という状態、すなわち、「一つのエネルギー体」ということです。

宇宙の高次元の存在、すなわち神々のエネルギーは、「愛」に溢れており、違う側面を持つものの、ポジティブに協力しあっている仲間なのです。

この惑星の次元に降りてきても、すべての高次元の存在は、「宇宙の愛」という考えでは同じなのです。

ですから、この惑星で存在しているあなた方もそれを理解し神々の優越を競い合うのではなく、宇宙の高次元の存在から広い視野を学び、「宇宙の愛」「宇宙の豊かさ」を感じとってください。

「宇宙の法則」は、地球の法則でもあるのです。

「宇宙の法則」は、愛に溢れ、豊かさが十分にあります。

すべてのもの（人間のみならず）に行き渡る、十分なものがあります。

その「宇宙の法則」を思い出し、この惑星が光のシティになる、
ミロクの世になるのにふさわしい心身を保つために
肉体を持つこの惑星の人々は、ライトになる必要があります。

ライト、すなわち、不必要なものは「手放す」ということです。
それは、他の人々に分け与えるという表現もできるでしょう。

分け与えても、分け与えても、「宇宙の法則」では
豊かさは、あなた方のところへやってくるのです。

まずは、実行してみましょう。

✳アシュタールからのワンポイントアドバイス✳

宇宙の豊かさを受け入れて、執着を手放し、分け与えることが光輝く人々に必要なステージなのです。

Chapter 3

「宇宙の法則」実践のポイント

――宇宙の愛と豊かさを受け取ろう!

人生をクリエイトする秘訣は、宇宙に委ねること

私が以前いた男性社会の職場において、ビジネスをしていく上では「結果」が大切というのが常識でした。私もそう信じており、管理者として、スタッフ教育の場面でしばしばそのように伝えていたと思います。

まず、仕事をする上で大切なのは「目的」を持つこと、それから「目標」を高く掲げ、有言実行する、そこに結果がついてくるんだ、結果が命なんだ、あなたがいくら一生懸命していると言っても、結果が伴《ともな》っていないものはゼロに等しいのだと言い続けてきました。「目標管理」にフォーカスし、目標を持ち、いつまでにどれくらい達成するのかを決め、そこから逆算をして今月の目標を定め、それを実現するための計画を週間で立てて……といった具合に、管理職として自分も実施し、スタッフにもそうするように伝えてきました。結果を急ぎ、その結果を自己評価する、結果が出ていないとネガティブな評価を自分にしてしまうという習慣、トレーニングがなされているのが現在の物質世界での現実です。

しかし、「宇宙の法則」は、すべてがプロセスでしかなかったのです。

私の近くで起こっているケースですが、「『宇宙の法則』を知りました。そして、自分の波動を調整して自分の人生をクリエイトしようとしました。でも、10日間継続したけれど、それが実現しませんでした。失敗しました！」と自己評価してしまう人がいます。しかし、「宇宙の法則」では、「タイミングの法則」というものもあり、10日後に実現しなかったから失敗だったという現実すらないのです。それが実現するのは、その人に一番素晴らしいタイミングで素敵な方法で実現するのです。

私は思うのです。「宇宙の法則」に則るならすべてその法則に委ねましょうと。「いつまでに、これくらいこのことが実現している」という具体的な計画は必要ないのです。それは、物質世界の「目標管理」でしかないからです。「宇宙はすべてプロセス」なのですから、すべてがプロセスの途中という見方が近いと思います。

たとえば、「私は一カ月後にシャスタ山に行くのだ」と決めて、一カ月後に行けなかった……と嘆くのは「宇宙の法則」に則ったとは言えないのです。私の一番素晴らしいタイミングでそれが実現するのですから、「いつまでに」ということや「どんなふうにお金が集まって」などという具体的なことは、「宇宙に委ねる」ことが、コツだと思います。

「私はシャスタ山に登っていて、とても楽しい」と決め、清々しい空気と緑の香りがする風景を感じ、すでに登っている自分をイメージしておく……それだけなのです。その波動を宇宙が感じ取り、素敵なタイミングで実現するのです。

そして、〝ジャスタ山に行っている自分〟を〝知っている自分〟が、今ここに存在するのです。

未来からタイムマシンで過去に戻って来ている自分を感じるのです。

「宇宙はプロセス」でできていると知っていれば、その感覚を取り戻すことが可能となるでしょう。

そのことを前提に同じ職場でアファメーションを実行し、宇宙に委ねてみました。営業営業、数字数字とあくせくしていた時とは比較できないほどに、数字が上がりました。営業しなくても、なぜか導かれるように新規客が一気に増加し、どんどん契約が決まっていったのです。「宇宙はプロセス」で成り立っており、「結果」は気にしないでいると、宇宙の豊かさや不思議な出来事をスイスイ体験してしまうようになるのです。宇宙の視点から見てみると、何が結果なの？　という質問が返ってくるかもしれません。

次に、自然界を例に挙げて考えてみましょう。

リンゴの種を植えたとします。リンゴに水をやると、どんどん成長していきます。そのうちに、リンゴの木に実がなり、そのリンゴをすっかり食べてしまったとしましょう。

私たちの生活の中では、それで終わりかもしれませんね。

でも自然界では、リンゴを食べたという私たちの行為は、プロセスの一つなのです。

なぜならその後、リンゴは胃で消化され、腸で吸収され、吸収されたものは私たちの養分となり、その他のものは排出されます。そして、人間から排出されたものは、土の養分となり、土に還ります。その土からまたリンゴの木は養分を吸収し、成長していくのです。

どうですか？　自然界では、すべてがプロセスであり、結果は存在しないのです。

私たちの今までの概念からすれば、リンゴの実がなった時点で、どれだけの期間で、どれだけの個数ができるのかを考え、生産能力がどうだというジャッジを下して、比較し競争してきたのです。

しかし、リンゴは豊かに毎年毎年花を咲かせ、実をつけ続けるでしょう。視点を変えるだけで、世界が反転するのです。そんな内容のメッセージがひふみ神示に降りてきています。

黄金の巻　第九十二帖（六〇三）

つつましく、正しくして行けばその国々で一切不足なく暮らして行けるように何もかも与えてあるに気付かんのか。天災地変は人間の心のままと申してあろう。豊作、凶作心のままぞ。今のままで行けばどうなるか、誰にもわからんであろうが、神示通りに出て来ること、未だ疑っているのか。ひつくとみつくの民《たみ》あると申してあろう。ひつくの民は神の光を愛の中に受け、みつくの民は智の中に受ける。愛に受けると直《ただ》ちに血となり、智に受けると直ちに神経と和してしまうのであるぞ。二つの民の流れ。（一月三日）

〈宇宙訳〉
不必要に贅沢せず、誠実に生きていけば
その国々で一切不足なく暮らしていけるように、何もかも豊かに存在しているのです。

多くの人々は、「減少する」という幻覚にとらわれているのです。

宇宙は豊かなのです。
そのことを信じましょう。

天災地変は、人々の集合的無意識により、現象として現れるのです。

森羅万象、自然を味方につけると、
植物の豊作や凶作は人々の意のままにコントロールできるのです。

今のまま進んでいけばどうなっていくのでしょうか。
不安と恐怖の世界となっているのではありませんか？

「宇宙の法則」を信頼し、実践する中で
「宇宙の愛」「宇宙の叡智」をバランスよく取り入れると
私（創造主）のパワーがあなた方をサポートすることができるのです。

✴アシュタールからのワンポイントアドバイス✴
宇宙はプロセスで成り立っているのです。
この惑星の多くの人々は「結果」を重視しますが、
その思考の変換が必要でしょう。

日本の「大和魂」が今後の地球を救う

創造主が私にメッセージで伝えてきてくれた内容の中に、なぜひふみ神示を日本に降ろしたのか、ということがありました。それによると、ひふみ神示は、日本だけにとどめておくメッセージではなく、地球全体に広めていく内容なのだそうです。

では、なぜ世界各国に降ろさなかったのでしょうか。

それは、日本の「大和魂」が今後の地球を救うキーワードだからだそうです。

宇宙はそのことを視野に入れ、いろいろ動いていっているそうです。

地球の歴史上でも、そろそろ「日本の文化」を起点として、世界に広がりを開始していく時が迫ってきているのだそうです。2013年に向けて、日本国民で「宇宙の法則」を基軸に生きはじめる人々を増加させ、この内容を世界へ発信していく時期なのだそうです。

「世界は、日本を待っている！」創造主からのメッセージは、そう降りてきているのです。

今この時に、「ひふみ神示」を読みこなした多くの日本の女神たちがまず立ち上がり、次に地球全体の女神が立ち上がってきて地球を再生へと持っていく、という流れを創造主が創っていくそうなのです。

私は、海外の有名な生まれながらの覚醒者の方にこう言われました。

「あなたは、日本から世界へ創造主のメッセージを伝えていく役割があります。あなたは、創造主から選ばれた。そして、あなたもそれを望んだのです」。そして、2011年2月に富士山の麓で世界的に有名な覚醒者の方のワークがあり、主人と共に参加しました。その中の瞑想ワークで「あすなみ」という大和民族のアセンデッドマスターたちがやってきて、そのうちの一人が私の肉体の中に入り、「我々がアセンドしても大和魂はなくならないと信じていましたが、大和魂がなくなってきています。今後、この地球を救うのは大和魂なので、これを復活させてほしいのです」と依頼されるメッセージを受け取りました。それは、２０１１年１月に創造主からのメッセージを受け取り始めた時から私は感じていましたが、いよいよ本格的にその時が来ているようです。これからの世界には、「日本の文化」が必要になってくるので、まず日本人である私たちが日本の文化の良さを再確認する時がやってきているのです。

あなたが海外に行った時に、自分が日本人であることに誇りを感じて日本の文化を語ることができますか?

世界のあちこちで、日本を調査した結果の記録が残っているそうです。それは、「貧しい生活ではあるが、明るく元気で勤勉によく働き、そして清潔さと礼節を保ちながら生きている類いまれな人種である」といった内容だそうです。現代の私たちが見ると「私たちの先祖は、なんと素晴らしかったのだろうか!」と感嘆することでしょう。

もともと私たち日本人は、自然の恵みに感謝を忘れず、食事をいただく前後に「いただきます」「ごちそうさま」をする習慣が今でも残っています。これは、食事の前後に和歌を詠む習慣が簡略化されて残ったものですが、わが家では、その習慣を再現して食事前後に和歌を詠むようにしています。

それは、天照大神と豊受大神を尊び祝福し自然に感謝を捧げる内容です。一拝一拍手して開始するその儀式においては、本当に「宇宙の創造主」のエネルギーが降りてくるのを感じます。

今、日本に生まれ、日本に住んでいるすべての方々に言えることですが、日本の文化、大和魂がこの地球を救うのです。私たちは、その大和魂や日本の文化がワンネスに通じることを世界の人々に示していく役割が課せられています。

この文章を読まれて「ぴんっ！」ときた方、ゾクッときた方、その役割を実践していきましょう。自分自身がアンテナなのです。誰に言われたからするのではないのです。自分が感じ、わくわくするのであれば実践する、そんなシンプルなことなのです。

黄金の巻　第二帖（五一三）

日本が日本がと、まだ小さい島国日本に捉《とら》われているぞ。世界の日本と口で申しているが、生きかえるもの八分ぞ。八分の中の八分はまた生きかえるぞ。生きかえっても日本に捉われるぞ。おわりの仕組はみのおわり。骨なし日本を、まだ日本と思うて目さめん。九十九十《コトコト》と申してカラスになっているぞ。古いことばかり守っているぞ。古いことが新しいことと思うているなれど、新しいことが古いのであるぞ。取り違い致すなよ。神は生命ぞ。秩序ぞ。秩序は法則ぞ。為《な》せよ。

行ぜよ。考えよ。考えたらよいのぢゃ。為すにはまず求めよ。神を求めよ。己に求めよ。求めて、理解した後《あと》為せ。為して顧《かえり》みよ。神のいのち其処《そこ》に弥栄えるぞ。今までの日本の宗教は日本だけの宗教、このたびは世界のもとの、三千世界の大道ぞ。教《おしえ》でないぞ。八分の二分はマコトの日本人ぢゃ。日本人とは世界の民のことぢゃ。一度日本すてよ。日本がつかめるぞ。日本つかむことは三千世界をつかむことぞ。悪の大将も、そのことよく知っていて、天地デングリ返るのぢゃ。物の食べ方に気つけよ。皆の者、物ばかり食べて御座るぞ。二分の人民、結構に生きて下されよ。喜び神ぞ。十一月十七日。ひつ九のか三

〈宇宙訳〉

この小さな島国の小さな大将になったところで、自分自身の成長は、あまりないのです。

世界観を持っているかのごとく、口でだけ言っていても、

魂の視点が低ければ、魂レベルでわかっているとはいえないのです。

外見や表面だけ繕《つくろ》ってみても、宇宙からはすべてお見通しなのです。

魂レベルの視点が高くないと、生まれ変わっても、
また同じレベルでの視点にとらわれ同じ悩みから脱することができないのです。

身体が消滅して、「他界」したと思っていても
あなたの借り物の「身体」が消滅しただけなのです。

本来の「大和魂」を知らずして、生まれ変わって日本に転生しても、
同じことを繰り返すのみで成長や発展は体験できないでしょう。

太陽神と言われていた「カラス」が忌《い》み嫌われるようになったように、
本来の本質をわかろうとせず、伝承を信じ、本質を見失っているのが現状の社会なのです。

宇宙の創造主は、エネルギー体、魂なのです。

「宇宙の法則」ですべて動いているのです。

それが、本質なのです。

一度、自分の人生の中で「宇宙の法則」を実行してみましょう。
すぐ実行できないのであれば、少し頭を使いましょう。
頭を使って、宇宙の創造主とつながり、メッセージを聴いてみてはいかがでしょう。
自分の本質につながるということは、宇宙の創造主とつながるのに等しいのです。
自分自身で実行してみましょう。

そうすることで、「宇宙の法則」が魂で理解でき、自分の中に「小宇宙」が存在し
自分の中の本質は「宇宙の創造主」とつながっている、ということが腑《ふ》に落ちるでしょう。

今までの日本の宗教は、日本という小さな島国だけの宗教だったのです。

しかし、今後は「世界」「地球」と共有するのです。
遠い歴史をたどっていくとわかってくるでしょう。
日本人と「世界」「地球」とのつながりがわかってくるでしょう。

その時には、日本人は日本だけにいた民族ではなく
日本だけで発生したものでもないことがわかってくるでしょう。

一度、小さな島国根性を捨ててみましょう。

この地球レベルでの視点に変更してみましょう。

そうすることで、「地球」「世界」の視点で
どれほど日本の文化が大切なのかが自然と見えてくるでしょう。

それは、小さな日本のみでの視点で出てきた答えではなく、
「世界」「地球」レベルの視点で平和を考えた時に、
「日本」がキーワードになってくることが見えてくるでしょう。

そのことは、地球を牛耳《ぎゅうじ》ろうとしている支配者・闇の勢力者もよくわかっているのです。

彼らは、わかった上で、あなた方をコントロールし、支配しようとしており、ここまで来ているのです。

ですから、あなた方が思い込まされている現実と「宇宙の法則」とでは、天地がひっくり返るほど違いがあるのです。

あなたの食卓の上の「食事」から見直してみましょう。
「食事」は、生き方なのです。文化なのです。
今の日本人の2割の方でも結構です。気がついていただきたいものです。

「食事」を見直すことで、健全な文化や生活に気づくでしょう。
気づくことで、本来はどう生きるべきか！　が自然と見えてくるのです。
あなた方の歴史の中で「闇の勢力者」に支配されている生活が見えてくるでしょう。

その時に「宇宙の愛」「宇宙の法則」

「足りない」のではなく「豊かに十分にある」宇宙を知るのです。

そこでは、競争や闘いは不必要であることが理解できるでしょう。

「愛」と大和魂の意味がわかってくるでしょう。

宇宙の創造主の法則通り「愛と光」で平和へと導かれることでしょう。

✴アシュタールからのワンポイントアドバイス✴

日本に生まれたあなたの役割を自覚する時が来ました！
日本の文化をこの惑星全体に拡大しましょう！

「真実の自分」になると、光輝き、幸せになる

あなたは今、「あなたの真実」に気づく時が来ているのです。この本を手にして、この文章を読

んでいること自体、それを示しているのです。宇宙には偶然はありません。すべて「必然」であり、あなた自身が誰に決められたわけでもなく、自分で決めているのです。

輝く人生を手にするためにまず必要なこと。何度も言いますが、それはあなたの中の女神を認めることなのです。

私は、２０１１年10月にふと思い立って主人と二人で伊勢神宮へ参拝に出かけました。人生を変えるほどの出会いが用意されているとも知らずに、私たちはインスピレーションに従って行動しました。内宮の参拝を終えて、鳥居をくぐり「あ〜。よかったぁ〜」と喜んで歩いていたところ、ある男性と目が合いました。その方は、３カ月ほど前に知り合った関西在住の方です。まさか、伊勢神宮で再会するは思ってみなかったので、お互いに驚きながらも、彼は隣にいた女性を紹介してくださいました。

その女性とは小田まゆみさんで、女神と自然のつながりをテーマに多くの作品を世に出して世界的に活躍されている画家であり、現在はハワイ島で「ジンジャー・ヒル・ファーム」という広大な農園でヨガ、瞑想、農業体験などを通じて、いのちの循環を大切にした生き方を体験する「女神塾」をされている方でした。その説明の中には「自分たちの手で育て、収穫した食べ物を仲間と分け合っていただく。そんな簡単なことの中から自由と豊かさと安心を手に入れることができる」とあり、長年にわたり「女神」を軸に活動を続けられている素晴らしい大先輩でした。

伊勢神宮から帰宅後、インターネットで検索してそのことを知った時は、鳥肌が立つような感動と驚きを受け、しかも主人は別の部屋で同じサイトを同時に見て、感動を共有するというシンクロもおまけで重なっていました。次の日に即行動し、小田まゆみさんにお会いし、お話をさせていただきました。そして3カ月後には、彼女のハワイの農園で一週間の「プチ女神修行」をさせていただき、また、ハワイ島のマウナケアで「白山くくり姫」からの愛に溢れるメッセージに感動の涙を流し、また、女神ペレのメッセージもいただきました。

小田まゆみさんと伊勢神宮の前で出会い、ハワイ島に訪れたことは私の中の女神をより大きく広く開花させるものでした。私は自分の女神を認め、インスピレーションで生きていくことで、人生を変える人との出会いがどんどん増えていきました。あなたも女神を認め、真実の自分になることを自分に許可しましょう。できない言い訳はいつも山ほどあるのです。そうすれば生活が劇的に変わり、自分の輝きが増していくのを感じていただけると思います。それではこのことについて創造主に聞いてみましょう。

黄金の巻　第一帖（五一二）

元の元の元の神は何《なに》も彼《か》も終わっているのであるぞ。終わりなく始めなく弥栄《いやさか》えているのぞ。友つくれよ、友つくることは己《おのれ》つくることぞ。広めることぞ。己を友の心の中に入れることぞ。

皆、我《われ》の目的立てに来ているぞ。それでは思惑《おもわく》立たんぞ。御光《みひかり》が愛ぞ。真ぞ。愛はマぞ。真は言ぞ。これを誠と言うぞ。誠は生きているぞ。三千世界の生命ぞ。和つくれ。和はむすびぞ。何も彼も生まれるぞ。息するぞ。自分で勝手にしておいて親神を怨《うら》んでいるぞ。この巻から人民の道しるべであるぞ。近いことから知らすぞ。この神示出たら、すぐ血としておいて下されよ。そなたの為《ため》であるぞ。そなたの為は人の為、世の為、三千世界の為であるぞ。この巻、黄金の巻。心の眼開けよ。十一月十七日。ひつ九のか三

〈宇宙訳〉

「宇宙の法則」では、宇宙を創造した創造主がいます。
創造主が宇宙のすべてを創り出したのです。

宇宙は、始まりも終わりもなく永遠なのです。
光輝き、「愛に満ちた世界」なのです。

あなた方は、まず「和」を創るために友を大切にするのです。
正しい「和」はポジティブな未来を創造するからです。

現在の多くの人々は「自分のエゴ」で生きています。
しかし、「宇宙の法則」から見てみますと、「エゴ」では何も動かないのです。
動くと思い込んでいるのは、ただの幻想にすぎないのです。

あなた自身がまず、光輝き愛に満たされることが大切なのです。

あなたが愛に満たされ、あなたの中の愛が溢れだし
溢れだした愛があなたを包み込み
そして、あなたの周囲の環境にあなたの愛が流れていくのです。

愛に満たされていないあなた自身が、
自分より先に他を「愛」で満たそうとしてもできないのです。

なぜならば、あなた自身がすでに「ドライ」、乾燥状態になっているからです。
まず、あなた自身を愛で満たすのです。

しかし、勘違いしてはいけません。

「エゴ」の中には、答えがないのです。

「真実に生きていない」あなたには、「愛で溢れる」ことは、困難なのです。

「真実に生きる」とは

「魂で感じること」

つまり

「心で思うこと」

「言葉に出すこと」

「行動すること」

この三つが一緒であることが「真実に生きる」ことなのです。

いくら、友人の発言に笑顔で「私もそう思う」と答えていても

あなたの魂が同感していなければ、あなたの中には不協和音が鳴り響きます。

あなたの魂の中は、宇宙そのものなのです。

あなたの中には「小宇宙」が存在するのです。

宇宙の次元の高いところでは、「ワンネス」といって
すべてのエネルギー体が一つに溶け合っているのです。

エネルギー体とは、「あなた方の魂」も含まれます。

すなわち、あなた方のお一人おひとりの魂は
宇宙の高次元の世界においては、「一つ」になっているのです。

あなた自身の中に宇宙があり、あなた方の魂はエネルギー体であり、
宇宙の果てにおいては「一つ」ということです。

「他人事」と思っている事象は
すべて「あなた自身の中で起こっている」ということになります。

その法則がわかってくると、「他人事」ではなくなってきますね。

あなたが実際に見たり聴いたりすることはあなたの中の宇宙で起こっているとわかれば、
あなたは、多くの方々と協力し合っていくことで、
平和へと導かれるのだと理解できると思います。

自ら発するすべての波動が宇宙に反映し、将来を決定していくのです。
皆さんの「思い」が集まって「将来」が決まっていくのです。

ですから、多くの人々がポジティブな波動を出していると
社会全体の未来はポジティブになります。

ご自分の幻想や自分自身が勝手にした制約に惑わされ、

ネガティブな波動を出すと未来はその波動に従って訪れます。

この巻から、「宇宙の法則」をもっとわかりやすくお伝えしていきます。

「宇宙の法則」を自分のものにして素敵な未来を築いていきましょう。

もう一度お伝えします。

あなた自身が自分を「愛」で満たすことが
周囲の人々のためになり、そして地球に貢献することにつながるのです。

3次元の幻想にとらわれるのではなく
あなたの「心の眼」を開いていきましょう。

「開眼」の巻ともいえますね。

黄金の巻　第四帖（五一五）

これだけに世界に荒事《あらごと》をさして見せて、神示通りに出て来ても、まだ目醒《めさ》めんのか。まだまだ改心中々ぢゃなあ。悔い改めよ。顧みよ。恥じ畏《おそ》れよ。慎《つつし》めよ。その日その時からよくなるぞ。人間には神は知れんものぞ。神のはたらきのみ、やっと知れるぞ。神の能《はたら》きは千変万化、能《はたら》き見て神そのものと思うは人間心。この神示、針の穴ほども違わん。書かしたことそのまま出て来るぞ。神は人となりたいのぢゃ。人は神となりたいのぢゃ。霊は形を、形は霊を求めて御座《ござ》るのぢゃ。人は神のいれもの、神は人のいのち。十一月十七日。ひつ九のか三

〈宇宙訳〉

世界中でさまざまな出来事が起こっているのは「真実」というものが顕在化しているからです。

今後、この世の中では、「真実」のみが残っていくのです。

あなた方も、「自分の真実」に「目醒める時」がやってきているのです。

自分自身が目醒め、「真実の自分」を思い出したその時から、
素晴らしい真実を知ることになるでしょう。

このひふみ神示には、「宇宙の法則」が詰まっています。

少しも違《たが》いなくそのことを伝えているのです。

あなた方は、自分で望んでこの惑星で「肉体を持つ」ことを選択し転生してきたのです。
その望みが叶えられていることは、素晴らしい出来事なのです。

「魂」は「エネルギー体」です。
肉体を持つことで、さまざまな多くのことを学ぶでしょう。

あなた方の学びは、創造主の拡大成長にもつながっているのです。
宇宙には、一つの無駄もありません。

すべてが必然で必要なことなのです。

黄金の巻　第六帖（五一七）

天地まぜまぜになったら、まだまだなるのである。彼れ是《こ》れ、何が何だかわからんことになると申してあろうが。早う神示肚《ふではら》に入れておけよ。己に逆《さか》らうは神に逆らうものぞ。己拝《おろが》むは神拝むもの。キリキリ舞い、目の前。十一月十七日。ひつ九のか三

〈宇宙訳〉

この惑星は、宇宙と近づいているのです。

今「宇宙の法則」に気づき、あなたの思考の調整をしておけば混乱することもないでしょう。

まずは、「真実の自分」に正直になることです。

「真実の自分」に素直になりましょう！

あなた自身は、創造主からすると「愛して愛してやまない子ども」なのです。

あなたは、創造主の子どもなのです。

そして、あなたの中に創造主とつながっている部分があるのです。

あなた自身に正直になっていないということは
「創造主に正直になっていない」ということです。

よくよく、真実のご自分とコミュニケーションすることです。

すべての人々が、「光輝くことができるのです」
「幸せになることができるのです」

「創造主」からの愛、「宇宙からの愛」を受け止めましょう！

あなたには、輝く未来が待っているのです！

＊アシュタールからのワンポイントアドバイス＊

あなたは、あなたの真実で生きる必要があるのです。
心で思うこと、言葉に出すこと、行動すること。
この3つを同じにしましょう！

「天国」を生きながら創造する方法

死んだら「天国」に行くよ！「地獄」に行くよ！ と、よく子どものころに耳にしましたが、実は死後にそのような世界に行くのではなく、生きている私たちがそのような世界を創造しているのだと創造主が言っています。それは、生きていて肉体を持つ私たちの魂の状態を指しており、すなわち生きながらにして「天国」「地獄」を感じる世界に行くということです。そして、肉体を離れても魂のステージで行く世界が決まっているようです。

では、素敵な「天国」の世界を生きながらに創造する方法を探ってみましょう。

黄金の巻　第六十帖（五七一）

ここはいと古い神まつりて、いと新しい道ひらくところ。天狗さん鼻折りて早う奥山に詣《まい》れよ。この世の仕事があの世の仕事。この道理わからずに、この世の仕事捨てて、神の為ぢゃと申して飛び廻る鼻高さん、ポキンぞ。仕事仕えまつれよ。徳つめばこそ天国へ昇るのぢゃ。天国に行く人、この世でも天国にいるぞ。キタはこの世の始めなり。（十二月七日）一二十

〈宇宙訳〉

今後のこの惑星の世界では、とても遠い昔の神々を思い出し
宇宙の高次元の存在たちと融合を目指していくのです。

苦行などという「修行が魂を磨く」時代は終わったのです。

この地球という惑星で今の次元の役割を果たすことが
宇宙に存在する「高次元のあなた自身」と共有することになるのです。

私（創造主）は、あなた方の魂をこの宇宙において
「エネルギー体」として、私により近い完璧な状態で誕生させたのです。
完璧な状態のあなた自身は、宇宙の空間において
「あなたの本質」として、今もなお同時に存在しているのです。

その宇宙の本質を思い出さずに、この惑星での役割を軽んじて、

「神様のため」と言っては現実世界から逃避している人々は、
自分のこの惑星に転生した役割を思い出し、しっかり担っていくことが大切なのです。

「天国」という表現をされていますが、「天国」とはあなたの魂の状態を言っているのです。

すなわち、今ここに存在するあなた自身の波動がハッピーであるかどうかなのです。

「今、ここに存在するあなた」の波動が、すべてを物語っているのです。

今のあなたがハッピーであるならば、異次元にいるあなたの本質はハッピーなのです。

すなわち、「天国」なのです。

今のあなたがそうでないのであれば、
異次元のあなたの本質もそうでないと言わざるを得ないのです。

魂は永遠不滅であるということを知っておいてください。

黄金の巻　第六十一帖（五七二）
　自分のみの信仰は、私心私情のため、自己つくりてから人を導くのぢゃと理窟申しているが、その心根洗って自分でよく見つめよ。悪は善の仮面かぶって心の中に喰い入っているぞ。仮面が理窟、理窟は隠れ蓑《みの》。（十二月七日）一二十

〈宇宙訳〉

自分のみの信仰は、私心私情のためのもので本物ではありません。しっかり修行して、立派な自分になってから人を導くのだと屁理屈を言っている方がいますが、その屁理屈は、自分の本来の役割を担うことから逃げている口実であると見破っていただきたいのです。

その口実によって「愛と光」に向けたあなた自身の本来の役割から遠ざけられていることは、誰のためにもなりません。

あなた方の役割は「愛と光」を持ってこの惑星を「平和」へと導くことなのです。

その本質を見極め、人生を選択していただきたいものです。

黄金の巻　第六十九帖（五八〇）

悪く言われるのが結構ぞ。何と言われてもビクつくような仕組してないぞ。天晴《あっぱ》れ、三千世界のみろくの仕組、天晴れぞ。この先は神の力戴かんことには、ちっとも先行かれんことになるぞ。行ったと思うてふり返ると、後戻りしていたのにアフンぞ。心得なされよ。何も彼《か》も存在許されているものは、それだけの用あるからぞ。近目で見るから、善ぢゃ悪ぢゃと騒ぎまわるのぞ。大き一神を信ずるまでには、部分的多神から入るのが近道。大きものは一目ではわからん。この方世に落ちての仕組であるから、落として成就する仕組、結構。神様は親、四角張《しかくば》らずに近寄って来て親しんで下されよ。（十二月十四日）

〈宇宙訳〉

このひふみ神示を伝えていく中で、悪く言われてもよいのです。

人に何と言われても微動だにしない、宇宙の真実のメッセージを降ろしているのです。

宇宙は光輝く世界なのです。

これからこの地球という惑星は、この惑星の人々のみで動かしていくのではなく、宇宙の叡智とつながり、メッセージを受けながら進んでいくのです。

それができていないと、
気がつけば後戻りしていたという結果になることも多いでしょう。

存在そのものが認められ、許されているということは、
それだけの役割があるのです。

自分の足元や狭い視点でさまざまなことを見ているから
「善・悪」だと騒ぎまわることになるのです。

この広大な「宇宙の法則」、宇宙の視点を信用するようになるのは、大変なことでしょう。

自分よりあまりに大きいものに対しては、すぐにはわからないものでしょう。

たとえば、アリが人間のすべての形を認識するためには
一部分ずつ多くの視点でキャッチし、

多方面からの形を合わせ、やっと人間の全体像を知ることになるでしょう。

それは、あまりに壮大な挑戦なのです。

足の指を認識するにも大変でしょう。
下腿と大腿部の違いを理解するのも大変なことでしょう。

「宇宙の法則」は、この惑星に降ろしているメッセージですから降ろして成し遂げられる仕組みともいえるのです。

私（創造主）は、皆さんの親なのです。

崇め奉らずに、近しい親だと思って親しく接してください。

アシュタールからのワンポイントアドバイス

創造主に認められ、サポートされていること自体、あなたに大きな役割があるという証明なのです。愛と光でこの惑星を平和に導いてください。

目醒めた人には「嘘を見破る鏡」がギフトされる

「宇宙の法則」は、波動やエネルギーで稼働していて、私たちの人生もそれによって変動しています。

波動やエネルギーで自分の未来が決定されるのであれば、やっぱり素敵な波動でいたいですよね。

でも、この地球上の世界においては、残念なことにまだネガティブエネルギーを発信して、他に影響を及ぼしている存在がいるのです。

それが、場合によっては巧みに、さもポジティブエネルギーですよと見せかけて、実はネガティブエネルギーであるために知らず知らずのうちに汚染させていくエネルギー波動もあるのです。しかしながら、覚醒している人には、それを見破ることのできる「鏡」が宇宙からギフトされるのだそうです。

私の推測ですが、覚醒している人々というのは、自分のこの惑星での役割を自覚しており、それに向かって進んでいる人々です。宇宙は、その人々が役割を十分果たせるためにさまざまなサポートをするのではないかと感じています。

その一つに「鏡」があるのです。

「鏡」を手にすると、ネガティブエネルギーを見破れるので、自分の中にネガティブエネルギーが入ることを予防できるのです。この「鏡」を持つ人が大多数になると「嘘」がつけなくなり、「嘘」をついている人は生きにくくなることでしょう。そうなれば「嘘」のない世界となり居心地がよくなることでしょう。

ひふみ神示はもっと幅広く、深く明快に伝えてくれています。

黄金の巻　第十帖（五二一）

もう化《ば》けては居られん。化けの世はすんだのであるから、人民ウソしてはならんぞ。嘘見分ける鏡与えてあるぞ。早う改心なされ。仏《ぶつ》の取り次ぎ、キリストの取り次ぎ、天理、金光、大本の取り次ぎさん、早う改心結構ぞ。アラーの取り次ぎさん、道教も同様ぞ。人間はいつも創られつつあるものぞ。これでよいということはないぞ。ゴッドも仏も神も皆その通りざぞ。世の中も、大千世界も亦《また》同様ぞ、つくられつつあるのぞ。愛と言い真と言うもの皆方便《ほうべん》ぞ。いずれも誠の現われであるぞ。ほうべんの世はすみてホウベンの世となるぞ。そのホウベンの世済みて誠の世となるのぢゃ。善悪なき世となるのぢゃ。わかりたか。かのととりの日。一二十《ヒツキノカミ》

〈宇宙訳〉

もう「嘘をついて生きていく」ことは終わりました。

「嘘」は、社会にしても何にしても顕在化してきているのです。

あなた方も同じです。

ご自分に嘘をつかないように、そして事実ではないことをさも事実であるように伝えないようにしましょう。

目醒めた人々は「嘘を見破る鏡」を持っています。

目醒めると「鏡」が持てるのです。

嘘をついた本人は、つき通しているつもりでも
鏡を通して見ている人々には、真実が見えているのです。

すべての事柄から「嘘をつく」という心を入れ替えましょう。

早く決心をして、心を入れ替えた方が、あなたの天命を生きることができるのです。

世界中の「神」「仏」も、「真実を見通せる鏡」を持っているのです。

肉体を持つ人間は、成長拡大を継続していくのです。
これで「完了」ということはありません。

3次元の皆さんが住んでいる世界は、「幻覚」の世界と言ってもいいのです。

「宇宙」が投影されているのです。

しかし、「幻覚」の世の中は終焉《しゅうえん》を迎えようとしています。

「幻覚」「投影」の世が終了し、「真実」「誠」の世の中となるのです。

「善・悪」という二元性の世は終了し、調和・統合の世が来ます。

夏の巻　第十二帖（七二九）

キが元と申してあろうがな。人民はすべてのもののキ頂いて成長しているのであるぞ。キ頂けよ。横には社会のキを、縦には神の気を、悪いキを吐き出せよ。よい気養って行けよ。見分ける鏡与えてあるでないか。道わからねば人に訊くであろうが。わからんのにわかった顔して歩き廻っていてはならん。人に尋ねよ。これと信ずる人に尋ねよ。天地に尋ねよ。神示に尋ねよ。

〈宇宙訳〉

「宇宙の法則」においては、気あるいはエネルギーや波動が基本となっているのです。

あなた方はすべてのもののエネルギーをいただいて成長しているのです。

エネルギーをいただきましょう。
横からは社会のエネルギー
縦からは宇宙のエネルギー

ネガティブなエネルギーは寄せつけない
あるいは、ポジティブなエネルギーに変化させましょう。

ポジティブなエネルギーを養っていきましょう。

ネガティブエネルギーなのかポジティブなエネルギーなのか
見分けるツール（鏡）をお渡ししているので、そのツールを使いこなしましょう。

あなた方は行きたい場所があり、行き方がわからない時
その場所に行く方法を人に尋ねるでしょう。

わからないのにわかった顔をして、ただただ歩き回っていても
行きたい場所には到着しないのです。

あなたが行きたい場所にたどり着いている人に尋ねてみましょう。

宇宙に尋ねてみましょう。
高次元の存在に尋ねてみましょう。

✳アシュタールからのワンポイントアドバイス✳
まずは、あなた自身の本質に正直であることが重要なのです。

人生を好転させるコツは、感謝すること

宇宙がすべて波動で動いているのであれば、あなたの波動をキラキラ輝かせておくのに限ります。

でも、どうやったらいいのでしょう？

このひふみ神示では、波動をキラキラ輝かせるための日々の習慣について紹介されています。

そのために必要な意識は感謝する心のようです。人としてこの世に誕生したのは、誰のおかげなのでしょうか？

日本の文化は、「おかげさま」という考え方があります。「あなたの陰の力があったから、私はこうなれたのです。ありがとうございます」という心だと思っています。心の底から誰かのお世話になっていることに対して感謝して、それに気づいていける心を持ち合わせていけたら、きっとキラキラの世界になることでしょう。

私は最近、両親への感謝の気づきがありました。「宇宙の法則」を知り、自分が何者なのか思い出していったら、自分がなぜこの父と母を選んだのかをはっきりわかる時が来たのです。それまでの人生が走馬灯のようによみがえり、育ててもらった両親に対して心の底から「ありがとう」を何

度も叫びながら涙があふれてきました。

私は、母に厳しく育てられた記憶を引きずって生きていましたが、私の母の役は彼女しか務められなかったのだと、はっきりとわかりました。彼女からの愛も思い出し、感謝の思いでいっぱいになりました。

その感情が心の底から湧き出た時から、私自身のエネルギーやステージが変化したのを感じました。

そして、今までの自分の人生においてすべての出会いや環境に感謝できた時、人生が音を立てて垂直移動し、ステージアップしていったように感じています。これは、すべての人々に共通する、人生を好転させるコツだと思います。

創造主がどうしてこの一帖一帖にこんな幅広い視点からのメッセージを降ろしたのか、その意図を汲んでお読みください。

あなたの魂の状態によって同じ帖の中でもハートに響く箇所が変化し、丹田《たんでん》でより深く感じられるようになることに、意識的になっていただきたいと思います。

黄金の巻　第十九帖（五三〇）

己の行出来ておらんと、人の悪口言わなならんことになるぞ。己の心日々夜々改めねばならん。

心とは身と心のことぞ。元の活神《いきがみ》が直接の、直々の守護を致す時来たぞ。気つけおくぞ。国々《くにぐに》、所々《ところどころ》、村々家々、皆何なりとしてめぐりだけの借銭《しゃくせん》済まし致しくれよ。大峠《おおとうげ》ぞ。早合点《はやがてん》するなよ。小さい容《い》れもの間に合わん。かのととり。一二十

〈宇宙訳〉

自分のすべきことができていない時に、人の悪口を言いたくなるものです。

自分の心は、毎日夜に改めてみましょう！

今日の出来事に対して、すべてに光があり「宇宙の法則」に則って起こった出来事であるということを自覚して、「ありがとう！」とすべてに感謝する心を「改心」といいます。

あなたの魂は、自分の起源であった頃の魂と直結するようになってきます。

あなたの国、村、家のそれぞれの単位に対して、
3次元での行いでご恩返しを十分にしておきましょう。

そのご恩返しを「感謝」と呼びます。

「感謝」は、その各々の単位の器を拡大成長させるエネルギーがあります。
「感謝」を持って、各々の単位の器を拡大成長させておくのです。

その大きな器は、「宇宙からの愛の光」で充満するでしょう。

祝福。

黄金の巻　第二十九帖（五四〇）
二二《フジ》の盗み合い、世の乱れ。心して怪《あや》しと思うことは、たとえ神の言葉と申しても一応は考えよ。神の言葉でも裏表の見境《みさかい》なく唯《ただ》に信じてはならん。サニワせよ。薬、毒となることあると申してあろうが。馬鹿正直、まことの道見失うことあると申してあろうが。道は易《やす》し、楽し、楽し

ないのは道ではないぞ、奉仕ではないぞ。

世界に呼びかける前に日本に呼びかけよ。目醒まさねばならんのぢゃ。それが順序と申すもの。神示で知らしてあろうが。ここは種つくるところ、種は人民でつくれんぞ。神の申すよう、神の息戴いて下されよ。天の道、地の道、天地の道あるぞ。人の道あるぞ。何も彼《か》も道あるぞ。道に外《はず》れたもの外道《げどう》ぢゃぞ。前は一筋ぞ。二筋ぞ。三筋ぞ。曲がっているぞ。真っすぐであるぞ。心得なされ。節分から○《オー》⦿《ヒ》◎《ツキ》⊕《クニ》○《オー》⦿《カミ》と現われるぞ。讃《たた》えまつれ。三年の大グレ。かのととり。一二十

〈宇宙訳〉
この物質世界でのさまざまなものの盗み合いや社会の乱れなど
あなたが「怪しい」とハートで感じたことは、
たとえ神からのメッセージだという内容であっても、再度確認するのが望ましいでしょう。
神からのメッセージという言葉でも、さまざまな理解の仕方や
訳し方の違いや受け手の見解の相違もあります。

そして、そのメッセージの先が本当に「神」からであるのか？　を
ちゃんと確認したほうがよいでしょう。

薬というものも、時と場合によっては毒にもなるでしょう。

外部からのさまざまなことをうのみにするのではなく、
自分で確認し判断する習慣を身につけましょう。

自分の軸がしっかりしていれば、外部からの情報に惑わされることもないでしょう。

人生というものは、楽しいものなのです。
あなた方は、楽しむためにこの惑星に転生しているのです。

もし、あなたが楽しんでいないのであれば、
「宇宙の法則」や、自分が何者なのかを思い出すことから再スタートしましょう。

そして、自分自身を犠牲にすることがないように
あなた自身をまず愛してあげましょう。

これからは、日本が中心となり
地球全体に影響を及ぼしていくことで、素晴らしい世と変容していくでしょう。

この情報が世界へ行く前に、まず日本人が自覚を持ち、目醒める必要があるのです。

ミロクの世へと創造するための光とは、神聖な愛を指すのです。

神聖な愛は、決して肉体を持つ人々のみで成り立つのではありません。

高次元の存在や創造主である私と波長を合わせることで
あなた方にインスピレーションが湧き、
宇宙とこの惑星を統合する方法がわかってくるでしょう。

あなた方は、多様性を学ぶためにこの惑星に転生しているともいえるのです。

その多様性を認めて自分の器に入れていくことで自分の魂の成長拡大があるのです。

あなた方の魂の成長拡大は、宇宙の成長拡大とも深く関係しているのです。

✳アシュタールからのワンポイントアドバイス✳

外部からの情報をうのみにするのではなく、自己判断できるあなたを構築しましょう。

嬉し嬉しの人生のための心得

「宇宙の法則」を知れば、ウキウキと嬉しい！　楽しい！　と喜ぶ人生が味わえるのです。そのためには、「宇宙に委ねる」ということが必要だと思います。
「『宇宙の法則』に則って生きたけれど、人生の改善が見られなかった」という方は、もう一度、「宇宙の法則」をゼロから学びましょう！　また、ご自分の「波動」のチェックが必要かもしれません。それほど、「宇宙の法則」は完璧で一瞬の無駄もなく動いているのです。

これを実践するとそう感じることでしょう。そんな私も実践しはじめてからというもの、ワクワク・ウキウキ嬉しい楽しいことばかりです！　それを忠実に実践している人は、すでに大きな夢の惹き寄せが来ています。それも「世界」を相手にです。

それまでは、そのようなお話が全然なかった方でも、素直にご自分の本質に正直に「宇宙の法則」を実践していると、あっという間に惹き寄せが開始されます。感じてみてくださいね。そして、みんなで喜びあいましょう！　宇宙は豊かなのですから。

黄金の巻　第七十六帖（五八七）

真理を知って、よくならなかったら、よく省みよ。よくなるのがマコトであるぞ。悪くなったら心せねばならん。善人が苦しむことあるぞ。よく考えて見い。長い目で見てよくしようとするのが神の心ぞ。目の前のおかげでなく、永遠の立場から、よくなるおかげがマコトのおかげ。神徳は重いから腰ふらつかんようにして下されよ。その代わり貫きて下されたら、永遠《とわ》にしぼまん九の花となるぞ。二二《フジ》に、九《ク》の花どっと咲くぞ。拍手は清めであるが、神様との約束固めでもあるぞ。約束違《たが》えるでないぞ。（一月三日）一二十

〈宇宙訳〉

「宇宙の法則」を知って実践してみたが改善しなかったという人は、よくよく省みましょう。

「宇宙の法則」に則って実践すると改善していくのが「真実」なのです。

反対の方向へ行ったのであれば、自分の心を見つめ直してみましょう。

勘違いして実践していると、善人ですら苦しむことがあるのです。

少し一緒に考えてみましょう。

私（創造主）は、あなた方の親です。

親は無条件の愛で子どもを見守っています。

長いスパンでその子の成長を見守ることもあるでしょう。

直近では理解できなくても、振り返った時に

「あのお蔭で○○なった」と感謝することはないですか？

宇宙の愛は溢れんばかりの愛です。
宇宙の愛や豊かさを受け取るのにも「覚悟」が必要なのです。

その代わり「宇宙の法則」に則って実践することを貫き通していただくと、
永遠に咲き続ける花となることでしょう。

形が整い、基礎が出来上がったのであれば
素晴らしい花がどっと咲くことでしょう。

拍手の音は清める時に使用しますが、宇宙へも響き渡るものなのです。

真実とつながって、素晴らしい波動を発信し
愛と光で、世界を平和へと導きましょう。

黄金の巻　第九十八帖（六〇九）

大切なもの一切は、神が人間に与えてあるでないか。人間はそれを処理するだけでよいのであるぞ。何故に生活にあくせくするのぢゃ。悠々《ゆうゆう》、天地と共に天地に歩め。嬉し嬉しぞ。一日が千日と申してあろう。神を知る前と、神を知ってからとのことを申してあるのぞ。神を知っての一日は、知らぬ千日よりも尊い。始めは自分本位の祈りでもよいと申してあるなれども、いつまでも自分本位ではならん。止まると悪となるぞ。神の道は弥栄ぞ。動き働いて行かなならん。善と悪との動き、心得なされよ。悪は悪ならず、悪にくむが悪。（一月三日）

〈宇宙訳〉

大切なもの一切は、「宇宙の法則」でサポートされているのです。
あなた方、肉体を持つ人間は、それをキャッチして
法則に則って、処理すればよいだけなのです。

とても、シンプルなのです。

あなた方の多くの思考が、生活をあくせくする方向に向けているだけなのです。

思考を変え、「宇宙の法則」を信頼し、実践することで
悠々と宇宙のサポートを受けながら、この惑星で自分の道を歩むことができるのです。

嬉しい楽しい豊かな愛溢れる人生を歩むことでしょう。
法則を知り、実践していくと、一日を千日にたとえることができるほど、充実してくるのです。

「宇宙の法則」を知らずにいた千日よりも「宇宙の法則」を知って
実践する一日の方が尊い時を刻むことができるのです。

「宇宙の法則」を知り、実践する中で「宇宙の愛」を感じ
自分の役割に生きることの素晴らしさを感じていくでしょう。

川の流れるがごとく、それを実践していきましょう。

その流れが滞《とどこお》ると濁りが出てきて、自分の人生に

ネガティブな波動が潜んでくるので、流れを止めずに
ただただゆらゆらとリラックスしながら、流れに乗っていきましょう。

この惑星において「善と悪の動き」に注意しましょう。

「悪は悪ではなく、悪を憎む自分の魂・波動が悪を惹き寄せる」ということを知りましょう。

自分の中には、決してネガティブなものを入れないようにしましょう。

✳アシュタールからのワンポイントアドバイス✳

宇宙の無条件の愛を受け取る許可をしましょう。
あなたが創造主の愛を受け取るのにふさわしい存在であることを認めましょう。

Chapter 4

人生の創造者としての生き方

──運命の調整は自分でできる!

あなたの潜在意識は宇宙

ここからは「潜在意識」についてのお話になります。

潜在意識は、私たちがエネルギー体として誕生してから、今世での「記憶」の宝庫となっています。ポジティブな記憶ばかりであれば素敵なのですが、どちらかと言えばネガティブな記憶が多いようです。

その潜在意識の奥底には、とてもポジティブで「何でもできると知っているあなたの本質」が存在しているのです。もし、この惑星で暮らしていて不自由さを感じるのであれば、それはすべて自分で創っているシナリオなのです。

「こうしなければならない」「こうすべきである」「だって、世間が……」と言っておられるあなた！　それこそが、自分に課している制約なのです。その制約から自由になることから開始してみましょう。そうすれば、自分の人生は自分で意識的に創造していけるのです。

「意識的に」というのは意味がありまして、今もうすでにあなたは自分の人生を創造しているのですが、気づいていません。ですから、意識をして「自分の今後の人生はこうなっているのだ」と、あたかもタイムマシンに乗って未来からやってきているかのように「自分の未来は知っている」という意気込みで自分の将来を創造するのです。そこに「波動」を合わせるのです。

あなた自身の中に小宇宙が存在しているのです。宇宙からの視点では、あなたは多次元の存在であり、また同じ次元でも時空を超えて存在しています。

あなたは、多次元であり宇宙とも言える「スピリット」という大きな存在の一部にしかすぎないのです。あなたの肉体に宿っている「魂」はあなたのほんの一部なのです。

そして、多くの人々は自分の肉体を軽視し、邪見にしています。たとえば「こんな体がなかったら、楽なのに」「私の髪の毛、くせがあって好きになれないわ」「もう少し、大きな黒目がちの瞳がよかったのに」など。大切な親友であるはずの肉体と仲良くしていない人が多いのです。

そんな時にどのような現象が起きるかと言えば、「あなたの魂自体」があなたの肉体に入りきらないのです。ずばり、中途半端にしか入っていない状態となり、肉体と魂の不一致が起きて、それを肉体があなたに伝えようとさまざまなメッセージを出し続けるのです。

それが度を過ぎると、以前の私のように「病気」となって現れるのです。そこで、気がついて仲直りすればOKなのですが、気がつかないと自分が辛いことになってしまいます。

あなた自身はもっと大きな「スピリットという宇宙と共鳴している存在」であることを認め、その存在と今の肉体と魂を持っている状態のあなたの存在を同時に感じることが重要なのです。

個人の場合はそのような状態に、そして惑星レベルにおいては宇宙と地球とが融合していく、波長を共鳴させていくことが重要なのです。

黄金の巻　第二十一帖（五三二）

言われる間はよいぞ。読まれる間はよいぞ。綱切れたら沖の舟、神信じつつ迷信に落ちて御座るぞ。日本の国のミタマ曇っていることひどいぞ。外国、同様ながら筋通っているぞ。型にはめると動きないことになるぞ。型外せと申してあろうが。自分で自分を監視せよ。顕斎《けんさい》のみでも迷信、幽斎《ゆうさい》のみでも迷信、二つ行《おこな》っても迷信ぞ。二つ融け合って生まれた一つの正斎を中として、顕幽、両斎を外としてまつるのが大祭りであるぞ。

荒《あら》、和《にぎ》、幸《さち》、奇《くし》、ミタマ統《す》べるのが直日《なおひ》のみたま。みすまるのたまぞ。今度は、直日のみでなくてはならん。直日弥栄えて直日月⊕の能《はたらき》となるのぞ。食物気つけよ。信仰は感情ぞ。飢えた人には食物。神よ勝て。人間勝ってはならんぞ。かのととり。一二十

〈宇宙訳〉

現在、日本の国民の魂が曇っているのがわかるのです。

今まで、信じていたものの枠を外してみましょう。

ご自分たちで創った枠なのです。

枠にはまってしまうと身動きができず、どんどん自分を苦しめてしまうのです。

枠を外しましょう。

枠とは、今までの正しいと思い込んでいた常識や社会の仕組みのことを言います。

本来は、自分で自分のすべての調整ができるのです。
自分自身で調整できるようになりましょう。

あなた方の中に宇宙があります。
あなた方の意識にたとえると、顕在意識がこの3次元であなた方が信じている世界です。
そして、潜在意識が宇宙です。

3次元の世界だけでも、宇宙の世界だけでもミロクの世にはつながりません。
3次元的なことと宇宙的なことをそれぞれ別々に実施する中にもミロクの世はありません。
3次元世界と宇宙の世界観を融合させた新しい世界こそがミロクの世となるのです。

すべての多様性、あなた方が感じている
「善い」「悪い」「正しい」「間違っている」などのすべての事柄を統合し、
「愛」で満たしている状態が「宇宙の愛」である創造主に直結するのです。

今後の世界は「宇宙の愛」である創造主に直結することが望ましいのです。

そうすることで、「創造者」としてのあなた方本来の愛の魂で進んでいけるのです。

口から入るものには、エネルギーが宿っています。
エネルギーを感じることを思い出し、感性を磨きましょう。

あなたの「創造者」としての側面を全面に押し出していきましょう。
そうすれば、ミロクの世へとつながる道が開けていくのです。

祝福。

黄金の巻　第五十五帖（五六六）

今度集っても、まとまりつくまいがな。世界の型出して実地に見せてあるのぢゃ。骨が折れるなれど実地に見せねばならんし、まとまらんのを纏《まと》めて、皆がアフンの仕組、気のつく人民早う元へかえりて下されよ。心に誠あり、口に誠伝えるとも実行なきもの多いぞ。偽りに神の力は加わらない。偽善者多いのう。祈り行じて洗濯すれば皆世界のサニワにもなれる結構なミタマばかり。死産の子も祀らねばならん。（十二月七日）一二十

〈宇宙訳〉
今のような社会ではまとまりがないのです。
しかし、見かけ上はまとまっているように見せかけていることが非常に多いでしょう。

まとまりのない社会なのですが、この社会の仕組みを
光と愛に包まれた平和な世界へと導くためには
この地球という惑星での自分の役割を思い出した方々から
行動に移してくださることを望みます。

魂では光を察知し、言葉に出す内容はまさしく「愛と光」の平和の道なのですが、
多くの方々は行動が伴っていないのです。

心で思うこと
言葉に出すこと
行動すること

この三つが一致していないと、「宇宙の法則」は適応されません。

従って、その方々のおっしゃっている内容が

とても素晴らしいものでも、「宇宙の法則」は適応されないのですから、
その方々は自分の人生の創造者とは言えないのです。

それは、すなわち偽善者となってしまうでしょう。

心で思うこと、言葉に出すこと、そして行動することを一致させると、
宇宙からのメッセージを正しくキャッチし、ご自分の人生に役立てていくことができるでしょう。

この地球という惑星に転生している方々は
それほど素晴らしい能力をお持ちでいらっしゃるのです。

ただ皆さんは、そのことを忘れ、能力に蓋をしているだけなのです。

今、この文章を読まれているあなたも人ごとではないのです。

あなたも同じくそうなのです。

＊アシュタールからのワンポイントアドバイス＊
真実のみが惹き寄せられるのです。あなたの「今」を見ることであなたの内面に存在する波動の真実がわかるのです。

よりよい未来を惹き寄せるのは、あなたの波動次第

宇宙の豊かさを感じるには、自分のエゴを手放す必要があるのです。自分の本質とつながることを避け、「いい格好」をし、自分の本質に嘘をつくこともエゴの状態です。

「あなたは、本当にそれでいいの？」と自分に尋ねてみてください。本当は嫌なのに、「嫌だと認めたら自分がもっと大変になるから……。周囲に迷惑をかけるから……」と、自分のエゴの判断で「ワクワク楽しむ人生」を放棄している人がいるのです。

「執着」が多ければ多いほどエゴが勝《まさ》ります。「執着」というものは、自分の魂エネルギーを重く

してしまうのです。この状態やネガティブ波動が強いと宇宙の豊かさを感じることが困難になります。

なぜならば、エゴ優勢のネガティブ波動であれば、共鳴する波動もそれに合う波動の存在や物事しか惹き寄せないからです。

エゴをエゴと、ネガティブをネガティブと見破ることが大切だと思います。「喜び」や「ワクワク」に焦点をあて、「創造主」と共鳴することが自分の人生の運命を調整するコツなのです。

黄金の巻　第三十帖（五四一）

一《ビ》四《ヨー》三《サ》〇《マ》一《ビ》四《ヨー》三《サ》〇《マ》、改心早う結構ぞ。道知るのみでは何にもならん。道味わえよ、歩めよ、大神の道には正邪ないぞ。善悪ないぞ。人の世にうつりて正と見え邪と見えるのぢゃ。人の道へうつる時は曇りただけのレンズ通すのぢゃ。レンズ通してもの見ると逆《さか》立《だ》ちするぞ。神に善と悪あるように人の心にうつるのぢゃ。レンズ外《はず》せよ。レンズ外すとは神示読むことぞ。無き地獄、人が生むぞ。罪ぞ。曲《まが》ぞ。今までは蔭の守護であったが岩戸ひらいて表の守護となり、裏表揃《そろ》うた守護になりたら、まことの守護ぞ。悪も善も、もう隠れるところ無くなるぞ。かのとり。一二十

〈宇宙訳〉

「宇宙の法則」を知るだけではなく、使いこなし、宇宙の豊かさを体験しましょう。

宇宙の愛や豊かさを知ることで、宇宙はこの3次元の
物質世界の二元性とは相違しており、
正しい間違っている、善い悪いというものは存在しないことがわかるでしょう。

宇宙の視点から物質世界へ移行する時に
色の付いたレンズを通して、世の中を見るような状態となってしまっているのです。
色の付いたレンズを通して世の中を見てしまうと現実や事実とは違った判断をしてしまいます。
創造主は、「善と悪」を判断し、人々を罰するというように勘違いしてしまっているのです。

色の付いたレンズを外してみましょう。
レンズを外すとは、「宇宙の法則」を知ることなのです。

あなた方が勘違いしている「地獄」という世界は宇宙には存在しません。

それは、あなた方が創り出したものなのです。

この惑星に存在していること自体、宇宙が認めているという証拠になるのです。

あなた方は、創造主の永遠不滅の光の娘・息子なのです。

黄金の巻　第六十六帖（五七七）

　省みると道見出し、悟ると道がわかり、改むると道進む。苦しむばかりが能ではない。自分の中にあるから近寄って来るのであるぞ。嫌なこと起こって来るのは、嫌なことが自分の中にあるからぢゃ。肉体は親から受けたのざから親に似ているのぞ。霊は神から受けたのざから神に似ているぞ。わかりた守護神、一日も早く奥山へ出て参りて、神の御用結構。（十二月十四日）一二十

〈宇宙訳〉

自分自身を客観的に見ることを開始すると、進むべき道が見えだし目醒めて悟ると自分の進む道がわかりはじめ、

正すべきところは正していくということを実践すると、
自分の道が開け大きく物事が進んでいくのです。

宇宙は豊かであり愛に溢れているのです。
自分に苦しみがあるというのであれば、それは自分自身が惹き寄せているのです。

飽き飽きするようないやなことが起こってくるのは
飽き飽きするようないやな部分が自分自身の奥底に存在するからなのです。

自分の周りで起こっている出来事は、自分が招き寄せているということです。
外部に責任があるかのように言っている人がいますが
自分の内部にその要因がないのであれば、自分の内部は反応しないのです。

惹き寄せとはそういうものなのです。

肉体は両親から受け継いでいるから両親に似ているのですが、

自分の魂エネルギーは、私（創造主）から発生させたのですから、私（創造主）に近い状態になっているのです。

自分自身の中に私とつながる部分があることを思い出してください。

黄金の巻　第四十八帖（五五九）

　神の御用と申してまだまだ自分の目的立てる用意しているぞ。自分に自分がだまされんように致しくれよ。自分の中に善の仮面を被《かぶ》った悪が住んでいるに気つかんか。祓い清めの神が〇三◎《スサナル》の神様なり。サニワの神は｜日十◎《ウシトラ》の九ん二《コンジ》ん様なり。それぞれにお願いしてから、それぞれのこと行ぜよ。

　この道に入って始めの間は、かえって損したり馬鹿みたりするぞ。それはめぐり取って戴いているのぞ。それが済めば苦しくても何処《どこ》かに光見出すぞ。おかげのはじめ。次に自信ついて来るぞ。胴がすわって来るぞ。心が勇んで来たら、おかげ大きく光り出したのぢゃ。悪の霊はみぞおちに止まりがちぞ。霊の形は肉体の形、肉体は霊の形に従うもの。このことわかれば、この世のこと、この世とあの世の関係がはっきりするぞ。足には足袋、手には手袋。（十一月裏四日）｜《ウ》日十◎《シトラ》

〈宇宙訳〉

神からのメッセージだといって、

自分自身のエゴからくる目的のための理由づけをしていませんか？

自分が自分に騙されないように、自分のエゴをエゴと見破ることができるように、

常日頃から、自分の本質とつながるようにしましょう。

自分の中に「言い訳ばかりして、善人のふりをした偽善者」が住んでいませんか？

自分の立場を守るため、周囲をコントロールしたいがために

出てくるエゴの言いなりにならないように、しっかりと自分の本質とつながりましょう。

エゴを惹き寄せないように常日頃から自分自身をクリアにし

地球の聖母とつながり、宇宙の父と母につながり波動の調整をしましょう。

今ここにいるあなたの波動があなたの未来を惹き寄せます。
過去などは関係ありません。

あなたの波動が調整され、ポジティブな物事の惹き寄せが開始されると、あなたは「宇宙の法則」の核心に触れ、より一層、波動が高揚してくるでしょう。

自信が確信へと変化し、宇宙の愛や豊かさに感謝するでしょう。

あなたは創造主の永遠の光の子として、またたく間により一層光輝くのです。

そこには「愛と光」しか存在しなくなるのです。

宇宙の豊かさや愛を確信し、「宇宙の法則」に則って進むと、地球の次元や宇宙の次元の在り方が理解されてくるでしょう。

人それぞれの個別の役割も感じられてくるでしょう。

✳アシュタールからのワンポイントアドバイス✳

あなたの人生は、あなたの内面により自由自在に変化させることができるのです。

宇宙のサポートを受けるために、エゴをなくす

「宇宙の法則」においては、発せられたエネルギーの波動がすべてです。もしあなたが人や組織を「憎む」というエネルギーを発信するなら、たとえそれがどんなに正当な理由があったとしても、宇宙はあなたから発せられたネガティブな波動としてキャッチするのです。

多くの人々が誰かを恨《うら》むような行動を起こす時には、「群集心理」が働いてしまうようです。多くの人たちが叫ぶから自分もそうかなぁ……と思ってそこに参加してしまうなどのことからもわかるように、深く考えないうちにその意見が人々に伝染してしまう現象が起きるのです。それにより、

自分軸をぐらぐらと揺るがせてしまうのです。

そこにネガティブな波動が渦巻くことは、宇宙やこの惑星になんら貢献しないことを知っていただきたいのです。

「自分軸」をしっかり持ち、自分の本質と共鳴しながら生きていくと「自分の周りが台風であっても、自分自身はまるで台風の目の中にいるように晴れやかで安定した状態」に導かれるのです。

黄金の巻　第五十六帖（五六七）

逆怨《さかうら》みでも怨みは怨み。理窟に合わんでも飛んだ目に遭《あ》うぞ。今までの教えでは立ちて行かん。生まれ替わらねば人も生きては行かれん。平等愛とは、差別愛のことぞ。公平と言う声に騙《だま》されるなよ。数で決めるなと申してあろうがな。群集心理とは一時的の邪霊の憑《つ》きものぞ。上から乱れているから下のしめしつかん。我《わ》れ善《よ》しのやり方では世は治まらん。（十二月七日）一二十

〈宇宙訳〉

あなたにとって正当な理由があっても、他の人を恨んでいれば、恨みは恨みなのです。

波動がネガティブなものとなり、あなた自身がネガティブな波動を発することになるのです。

「宇宙の法則」に則ってお伝えすると
ご自分や周囲の方々やこの惑星の将来には、それは何の貢献にもならないのです。
「宇宙の法則」には、差別というものはありませんが「違い」というものはあります。

例えば、ステージの違いなどです。

この惑星では、その違いは「差別」と勘違いされて伝わっているようですが、
「違い」というものがない世界は公平とはいえないのです。

あなた方の今の世界では、発言している方々の
数が多いとその発言が通ることが多いようです。

しかし「群集心理」というものは、その方々の本当の意見ではなく、
深く考えずにある一定の考えが伝染してしまうようなものなのです。

その原理を使い、ある方々がその心理を策略として使っているのが見受けられます。

自分の意見というものは、自分の軸をしっかりさせていることが重要なのです。

そうすることで、他の人の意見に惑わされることなく、
自分はどうすべきなのかが、はっきりとわかってくるのです。

自分の軸をしっかりしようとするのであれば、
「エゴ」は捨て「愛」を持って宇宙からのメッセージをキャッチできる
自分を確立する必要があるのです。

黄金の巻　第五十七帖（五六八）
　仲よしになって道伝えよ。道を説けよ。一切を肯定して二九《ジク》を伝えよ。悪神憑《か》かりたなれば自分では偉い神様がうつりていると信じ込むものぞ。可哀想なれどそれも己の天狗からぞ。取り違いからぞ。霊媒の行い見ればすぐわかるでないか。早う改心せよ。霊のおもちゃになっている者

多い世の中、大将が誰だかわからんことになるぞ。先生と申してやれば皆先生になって御座《ござ》る。困ったものぞ。（十二月七日）一二十

〈宇宙訳〉
目醒めた人々が協力し合い「宇宙の法則」を伝えていただきたいのです。

宇宙には、「愛」しかありません。

ジャッジをすることがないのです。

そのことを含めて「自分軸」というものの大切さを伝えていただきたいのです。

あなた方の肉眼では見えないエネルギー体の中には、
あなた方に高次元の存在からのメッセージのように見せかけ、
思い込ませる「エゴ」の存在があります。

それは、自分から発信している「エゴ」の波動が惹き寄せた存在たちなのです。

「エゴ」の存在は、あなた方には能力がないと思い込ませ、恐怖や不安に陥《おとしい》れ、自分に服従させようとする意図があります。

しかしながら、そのようなエネルギーからのメッセージであることは、すぐに見破れるのです。

そして、あなた方自身が、創造主の愛を信頼し愛に満ちているのであれば、「エゴ」の存在は消滅するのです。

宇宙はすべて、あなた方自身の波動で成り立っているのです。

黄金の巻　第六十七帖（五七八）

慢心《まんしん》出るから神示読まんようなことになるのぞ。肚の中に悪のキ這入《はい》るからぐらぐらと折角《せっかく》の屋台骨動いて来るのぞ。人の心がまことにならんと、まことの神の力現われんぞ。身魂《みたま》磨きとは善いと感じたこと直《ただ》ちに行うことぞ。愛は神から出ているのであるから、神に祈って愛して戴くようにすると弥栄えるぞ。祈らずに自分でするから、元を絶つから、我れ善しに、自分愛になるのぞ。自分拝《おろが》むのは肉愛でないぞ。（十二月十四日）

〈宇宙訳〉

「もうこれで自分は十分にできている。これ以上成長することはない」と思うと「宇宙の法則」を顧《かえり》みなくなるのです。

そうなると、自分の丹田の部分にネガティブ波動が忍び込みやすくなり、せっかくの自分軸がぐらぐらと揺らいでくるのです。

肉体を持つ人間の心・丹田で真実を生きることを実行していると真実の「宇宙の法則」の豊かさや愛を感じるでしょう。

日本の文化に「身《み》魂《たま》磨き」と言われるものがありますが結局は、自分のインスピレーションを即実行することなのです。

宇宙の愛は豊かであり溢れ出ています。
その宇宙の愛を感じながらこの惑星での役割を遂行していくと
自分の道が開け、どんどん繁栄していくのです。

宇宙の叡智とつながっていると、エゴのエネルギーが出現することがなく、
自分のすべてが安定した環境となり、
自分では見えない大きな力によるサポートを感じるでしょう。

✳アシュタールからのワンポイントアドバイス✳

「自分の軸」をしっかり立てることこそが、
あなたの人生をゆうゆうと過ごしていける基本なのです。

Chapter 5

宇宙と地球の仕組み

——肉体と魂をレベルアップさせよう！

あなたの肉体はクリスタルボディへと変容している

私たち地球人は、宇宙とこの惑星での概念があまりにも違っているために、「宇宙の法則」と言われてもすぐにはその感覚の理解できない人が多いと思います。

今まではそれでもよかったのですが、現在、地球の皆さんがこの「宇宙の法則」に則って新しい世界を創造する時がやってきています。真実の宇宙の条理を知る時が来たのです。

この章では、肉体や魂が変化していくレベルについてご紹介します。ここではなんと、自分のレベルが変化するにつれてどのような現象が起きるのかが説明されていました。

私は看護師の資格を持ち、医療に従事していましたので、その立場から申し上げると、ここに紹介されている症状を参考にする前に、体調不良がある場合はまず疾患の有無を検査された方がよいと思います。下痢や嘔吐や発熱が続き、「浄化だ」と思っていたら食中毒だったというのでは、ご自分の体調管理をしているとはいえません。私たちの肉体は「借り物」ですので、大切に愛を込めて付き合う必要があります。そのことをご理解いただき、読み進めていくことをお勧めします。

白銀の巻　第一帖（六一二）

天地の理《ことわり》書き知らすぞ。この巻「しろかね」の巻。天国ぢゃ、霊国ぢゃ、地獄ぢゃ、浄土ぢゃ、穢土《えど》ぢゃと申しているが、そんな分け隔《へだ》てはないのであるぞ。時、所、位に応じて色々に説き聞かせてあるのぢゃが、時節到来したので、まことの天地の理《ことわり》を書き知らすぞ。三千の世界の中の一つがそなたたちの世界であるぞ。この世もまた三千に分かれ、さらに五千に分かれているぞ。この方《ほう》五千の山に祀れと申してあろう。今の人民の知り得る世界はその中の八つであるぞ。人民のタネによっては七つしか分からんのであるぞ。日の光を七つと思うているが八であり、九であり、十であるぞ。人民では六つか七つにしか分けられまいが。「イワトがひらけるとさらに九、十となるぞ。隠してある一厘の仕組、九十の経綸、成就した暁《あかつき》には何もかもわかる」と申してあろうが。八つの世界とは㊀、△、▽、ア、オ、ウ、エ、イであるぞ。八は固、七は液、六は気、五はキ、四は霊の固、三は霊の液、二は霊の気、一は霊のキ、と考えてよいのぢゃ。キとは気の気であるぞ。その他に逆の力があるぞ。九と十であるぞ。その上にまた霊の霊の個から始まっているのであるが、それはムの世界、無限の世界と心得よ。霊界に入って行けば、その一部は知れるなれど、皆直《ただ》ちにはわからないのであるぞ。わからんことはわからんと、わからねばならんと申してあろうがな。天、息吹けば、地、息吹くと申してあろう。このことよくわきまえよ。地の規則、天の規則となることあると申して知らしてあろう。この大切こと忘れるでないぞ。想いの世界が天ぞ。肉の世界が地ぞ。想いは肉体と一つぞ。二つぞ。三つぞ。想い起こって肉体動くぞ。肉体動いて想い動くこともあるぞ。生まれ赤児《あかご》の心になって聞いて下されよ。何もかも、ハッキリ写るぞ。陰と陽、右と左、上と下、前と後、男と女と考えているなれど、タカミムスヒとカミムスヒと考えているなれど、別のミナカヌシ、現われるぞ。⦿、꩜、꩜、꩜、⊕、⨁、◍、◍、卍、卐、**十**、十、よく見て下されよ。一であり、二であり、三であろうがな。三が道と申してあろう。陰陽二元でないぞ。三元ぞ。三つであるぞ。ヽなくてはならん。ヽにも隠れたヽと現われたヽとがあるぞ。このことまず心得て下されよ。そなたたちは父と母と二人から生まれ出たのか。そうではあるまいがな。三人から生まれ出ていることわかるであろうがな。どの世界にも人が住んでいるのであるぞ。⦿の中に⦿があり、その中にまた⦿があり、限りないのざと知らせてあろうが。そなたたちの中にまた人がいて限りないのぢゃ。この方人民の中にいると知らしてあろうがな。そなたたちも八人、十人の人によって生きているのぞ。また十二人でもあるぞ。守護神と申すのは心のそなたたちのことであるが、だんだん変わるのであるぞ。自分と自分と和合せよと申すのは、八人十人のそなたたちが和合することぞ。それを改心と申すのざぞ。和合した姿を善と申すのぢゃ。今までの宗教は肉体を悪と申し、心を善と申して、肉体をおろそかにしていたが、それが間違いであること合点《がてん》か。一切が善いのぢゃということ合点か。地獄ないこと合点か。悪抱き参らせよと申してあること、これで合点か。合点ぢゃナア。各々《おのおの》の世界の人がその世界の神であるぞ。この世ではそなたたちが神であるぞ。あの世では、そなたたちの心を肉体としての人がいるのであるぞ。それがカミと申しているものぞ。あの世の人をこの世から見ると神であるが、その上から見ると人であるぞ。あの世の上の世では神の心を肉体として神がいますのであって限りないのであるぞ。裏から申せば、神様の神様は人間様ぢゃ。心の守護神は肉体ぢゃと申してあろうがな。肉体が心を守っているのであるが、ぢゃと申して肉体が主人顔してはならんぞ。何処《どこ》までも下に従うのぢゃ。順乱すと悪となるぞ。生まれ赤児踏み越え、生まれ赤児になって聞いて下されよ。そなたたちの本尊は八枚十枚の衣《ころも》着ているのぢゃ。死ということは、その衣、上から脱ぐことぢゃ。脱ぐと中から出て来てまた八枚十枚の衣つけるようになっているのぢゃ。わかるように申しているのぢゃぞ。取り違いせんようにせよ。天から気が地に降って、ものが生命し、その地の生命の気がまた天に反映するのであるが、まだまだ地には凸凹あるから、気が天に還らずに横に逸《そ》れることあるぞ。その横の気の世界を幽界と申すのぢゃ。幽界は地で曲げられた気のつくり出したところぢゃ。地獄でないぞ。(十二月十四日)

〈宇宙訳〉
天と地すなわち「宇宙と地球のことわり(理)」をお伝えいたします。

宇宙と地球との間に内在する道理です。

これは、人の意のままにならず、人の力では支配することや
動かすことができない筋道なのです。

皆さんは、天国、霊の世界、地獄、浄土、穢土《えど》……と使い分けを
されているようですが、宇宙にはそのような分離は存在しないのです。

そして、次元のお話も数字を用いてよくされていますが
実際は、宇宙にはそのようなものは存在していないのです。

この惑星でいう、タイミング・場所・その方々のステージに応じて、
わかりやすいように方便を使ってお伝えしているのです。

宇宙とこの惑星の概念があまりにも違っているため
宇宙の空間をこの惑星に方々に理解するように説明する方法が多様に存在するのです。

今、タイミングが来ましたので、真実の宇宙の条理をお伝えいたします。

この宇宙には、三千以上にもなる世界が存在しています。

この惑星は、その一部の世界に含まれています。

しかし、またこの惑星の世界も三千に分かれ、
さらに五千に分かれているのです。

今のこの惑星の住民の皆さんが知り得ることができる世界は、
その中の八つといわれています。

住民の方々によっては、七つかもしれません。

あなた方は、人間の基礎組織においても七つ

日の光、プリズムも七つと思いこまれているようですが、
宇宙からの視点では、それ以上になるものなのです。

集合的無意識、つまりこの惑星に住む人々のある一定の意識が「愛と光の世界」に意識が向き、実現可能であることを覚悟したのであればこの惑星は瞬く間に「愛と光、平和の世界」へと導かれるのです。


もう少し詳しくご説明しましょう。

イワトが開いたと同時に、あなた方の肉体や魂の変化が開始されます。

それは、9のレベルにわたって起こってくるのです。

最終レベルに到達すると、神と呼ばれるレベルに達することでしょう。

まさしく、光の世界なのです。

あなた方は、地球のエネルギー変化に対応し、光の世界に順応できるように存在そのものが変化していくのです。

そうです、まるでクリスタルのように輝く存在になるために……。

これからご説明する肉体や魂の変化は、個人差があります。

感じ方もそうですが、進むスピードも違います。

1のレベル

細胞自体の変化が開始されます。

細胞が「光」を感じとるのを開始します。

あなたのエネルギー体、霊体と呼ばれる部分に光のエネルギーが注ぎ込まれます。

そして、光を感じた細胞は、自分たちのエネルギー源の変化を察し始めるのです。

その頃に感じる身体の変化は個人差はありますが、

下痢《げり》や湿疹《しっしん》といった自分に不必要な身体的な内面のものが噴き出しやすくなります。

この症状が出たら、水分をたくさん摂取して

浄化を促進することが早期の改善へと導くでしょう。

2のレベル

脊椎《せきつい》などの骨端や感情体に変化が起こりはじめます。

この現象は、宇宙との交信をしやすくするための肉体と感情の準備段階となります。

その目的のために不必要なものが手放されていきます。

その際に起こる現象として吐き気や体熱感や頭痛を感じる人もいるかもしれません。

3のレベル

細胞液自体が、そして一つ一つの細胞が光を感じとり、
ミトコンドリアが光をエネルギー源であると察知しはじめます。
このミトコンドリアが進化を遂げると、細胞のエネルギー源はすべて光のみとなります。
つまり、肉体は「食べ物」からの「栄養」を必要としなくなるのです。
しかし、このレベルでは開始したばかりです。
仙人と呼ばれる人々が食べ物からの栄養がなくても生存できたのは、
この域に達していたからなのです。

4のレベル

個体として感知される霊体部分の変化、
それは「精神的な部分」が大きく変化しはじめるということです。
脊髄の変化が開始しているので、
それは脊髄が支えている脳の部分の変化と説明できると思います。

脳科学的な部分が変化を開始します。
脳の変化が加速するにつれて、視覚や聴覚が変化するのを感じることでしょう。
透視力なども発現するかもしれません。
高次元からのメッセージを受け取ることができるようになるかもしれません。
このレベルにおいては、眉間の奥に痛みを生じたり、
耳鳴りや目まいを感じたりする人が出てくるでしょう。
改善策として、水分摂取、睡眠を十二分にとることを推薦いたします。

5のレベル
あなたの精神的な部分が、あなたの宇宙の創造主とつながりを持っている
「スピリット」という部分を感じはじめるでしょう。
自分が自分の肉体に存在する魂だけではなく、
多次元の自分という存在に気づいてくるでしょう。
今の自分自身の生活に違和感を持ったり、
宇宙との一体感を経験する出来事に遭遇したりするでしょう。

6のレベル

スピリットの存在を知ったあなたは、この物質世界において「物質は個体ではない」という体験をするかもしれません。

そして、この物質世界は、宇宙からの投影の世界であることを感じ、今までの自分の生き方や価値観を見直すことが起こるでしょう。

スピリットと共鳴することに喜びを覚え、そこに自分のミッションがあると気づきますので、ミッションの種類が違っている人々と別れることがあるかもしれません。

あなたは、スピリットに従い、自分のミッションにフォーカスすることで、周囲の人々から「冷たい」と思われることがあるかもしれませんが、あなた自身は、ミッションに従い、宇宙の大きな存在とのつながりの結果の出来事であるため、少しも動揺しないでしょう。

そういう意味においても、あなたの生活の変化が激しくなるかもしれませんが、あなたはスピリットとつながっているので、このレベルにおいて「宇宙の法則」を知り、「宇宙に委ねる」ことを実践していれば、すぐにリラックスして喜びの人生が歩めるでしょう。

7のレベル

あなたの液体部分、それは血液、循環器というところの変化です。

具体的にいえば「心臓」「ハート」が変化するでしょう。

ハートを多次元に開けることを実践できるようになるのです。

その時に、痛みを感じる方も多いでしょう。

この7のレベルは同時に「意識の形成」の意味もあります。

この惑星、地球との意識の交流ができるようになるでしょう。

そして、ハートを多次元に開くと、あなたは自分のハートに意識を置くことで自由自在に多次元への旅行を楽しめるようになるのです。

8のレベル
あなたの身体の個体の部分が拡大成長します。

それは、脳の中に存在している「松果体」「脳下垂体」です。

双方が成長する際には、頭の痛みや圧迫感を経験する人が多いでしょう。

しかし、このレベルに達するとだんだんと若返りだすでしょう。

そして、老化のスピードが減少するのを感じることができます。

あまりに辛い場合は、あなたの拡大成長をサポートしている高次元の存在のスピリット、

つまり、高次元のあなた自身に身体の痛みや苦痛を伝えて、
その辛さを軽減してもらうようにサポートしてもらいましょう。
他にはあなたの中に存在する「クリスタル」が活性化します。
そのクリスタルは、あなたが多次元と交信するアンテナの役割を果たし、
違う種類のクリスタルは、あなたの宇宙の時代からの記憶を
少しずつダウンロードするようになるでしょう。
ダウンロードするたびに、あなたは過去の記憶がよみがえってくる体験をするでしょう。

9のレベル

このレベルでは、全宇宙とのつながりを感じ、
自分が永遠不滅の無限の光の存在であることを知るでしょう。

「神聖な自分」に目醒め、あなた自身が大きくステージが変わったと体感するでしょう。

このレベルでは、「マスター」と呼ばれるステージに至っているのです。

あなたは宇宙の「愛」「叡智」「力」を感じとり、震えるような感動を味わうでしょう。

創造主と常に共鳴し合い、あなたの判断はすべて宇宙の創造主と同じになるでしょう。

10のレベル

神の領域のレベルです。宇宙と一体になった存在となっているでしょう。

このレベルでは、自らの「軸」に従ってリーダー的に生きることになります。

あなたは、肉体と魂を自由にコントロールすることができ、

難なく時空を超えて、さまざまなことが思いのままにできるようになります。

これらは、この惑星に住む人々によって実現されるのです。

創造主が創造した「永遠不滅の光の存在」である

あなた方が、そのことを魂から思い出す時がくるでしょう。

しかしながら、すぐにすべての人々がすべてを理解できるわけではないのです。

一部しかわからない人々も存在するでしょう。

その方々は、「自分はわからない」ということをわかる必要があります。

宇宙からのエネルギーでこの惑星に影響が出るように、
この惑星のエネルギーが宇宙へ影響を及ぼすこともあるのです。

このことは、非常に重要な条理ですのでよくよくご理解ください。

不可視の世界、たとえばエネルギーや魂の世界が宇宙とするならば、
可視世界は、あなた方肉体を持つ人々が住むこの惑星の世界なのです。

あなた方の肉体と魂は一体となって存在しています。

魂・心のエネルギーが発動し、肉体が活動します。

また、肉体が活動することによって、心のエネルギーが躍動することもあるでしょう。

この惑星に誕生した赤ちゃんの時のように

澄んだ心で受けとめていただけると、理解が深まると思います。

澄んだ心、それは自分に制約をしていない心

世間からの制約を受けていない状態なのです。

その状態になれば、今まで見えなかったことがたくさん見えるようになるでしょう。

たとえば、「陰と陽」「右と左」「上と下」「前と後」

「男と女」が存在すると考えているのが今の世界でしょう。

しかし、その反対側の存在と思って、二元性を掲げていますが、

二元性の考え方の中には正解がないのです。

これからの「愛と光の平和の世界」には、その中庸という正解が出現することでしょう。

二元性の考えに隠れた、その他の答えがあるのです。

その考え方の中に答えがあることを心得ておくと

新しい世界での解決方法が見えてくるでしょう。

この惑星に住む人々は、「父と母」の二人によって誕生していると考えていますが
その二人に加えて私「創造主」から誕生しているのです。

そのことからも、二という文化ではなく三の文化が輝かしい未来を導くことでしょう。

私「創造主」があなた方を創った時のエネルギー体、魂は、
異次元である宇宙に存在しているのです。

その存在を「あなたの本質」と呼びましょう。
高次元の「あなたの本質」は、あなたを守護している存在でもあります。
「あなたの本質」とこの惑星に住んでいる「あなた」は
もともとは同じエネルギー体なのですが、異次元で同時に存在しているのです。

今のあなたは、「あなたの本質」と相談しながら

「宇宙の法則」に則って、生きる方向性を見いだしていくことが、何よりの「この惑星に転生したあなたの役割」ともいえるのです。

今のあなたは肉体を持っており、その肉体に魂が宿ることにより「感情」というものが存在するのです。

「感情」は、「あなたの本質」とつながっているバロメーターといえるでしょう。

あなたの感情がネガティブに働いている時は、「あなたの本質」の考えとは相違した方向へ行っているというバロメーターになるのです。

「感情」に注意深くなることで、「あなたの本質」とつながりやすくなるのです。

「感情」は実に便利なツールといえるでしょう。

「肉体」に魂が存在するからこそ、「感情」が出現できるのです。

「肉体」は大変にありがたい貴重な宝物だとご理解いただけると思います。

「感情」というものが存在するからこそ、
宇宙に存在する「あなたの本質」とつながりやすくなるのです。

なんと素晴らしいことでしょう。

また、この惑星では「地獄」という世界を創って伝えられているようですが、
そのような世界も実在しないのです。

もしそのような世界が存在するならば、
今この惑星に生きながらその世界を体感されていると思います。

あなた方は、私（創造主）が誕生させたのです。

「あなたの本質」とは、つまり「高次元の神」ともいえるでしょう。

その、「あなたの本質」とつながることができるあなたは、まさしく、この惑星に存在する「創造者」なのです。

あなた方にとって興味深いであろう「死」という現象についてですが、「死」というのは、肉体から魂エネルギー体が出ていき、宇宙に還ることをいいます。

誕生という現象は、宇宙から魂エネルギー体がやって来て、肉体へ宿ることをいいます。

この惑星において「死」という現象は、魂エネルギー体がまだまだ凹凸が激しいため、宇宙へ還らず、横の世界へそれてしまうことがたまにあるのです。

その横の魂エネルギー体が存在する世界を「幽界」と呼んでいるのです。

「幽界」は、この惑星で魂エネルギー体が曲がってできてしまった世界ですので、それを「地獄」とは呼ばないのです。

＊アシュタールからのワンポイントアドバイス＊

すべてのレベルにおいて言えるのは、「水分摂取」が大事ということです。水分は、波動をよく通します。エネルギーからの影響力が大きいのです。あなた方の肉体の多くは水分でできている、そのことにも注目していただきたいのです。

多様性を学ぶことで、魂を成長拡大させる

今、多くの人々が「愛が欲しい」「愛してほしい」と、自分の外に愛を求めているのではないでしょうか？　しかし宇宙は、「自分から湧きあがる愛を感じましょう！　それが真実の愛なのです」と言っているようです。

「他の人からの愛が欲しいから愛する」のではなく、「もしかすると相手から愛が返ってこないかもしれないけれども愛する」という姿勢が愛の真実のようです。つまり、「見返りを求めない愛」

ですね。

そして、このひふみ神示には女性と男性の真実の本質も描き出されています。ミロクの世には、「二元性」は不必要で、「三の文化や中庸・統合」が必要のようです。

私たちはこの惑星に降り立つ時に「多様性」を経験することを望み、それを学ぶことが自分の魂の成長拡大に結びつくのだと知っていたようです。

この惑星に転生する時には、とてもワクワクして「どんな多様性が経験できるのだろう」とポジティブに喜んでいたそうです。その多様性を経験することは、「今を生きる」こととつながっています。

将来のことばかり気にしながら生きることを「未来に生きる」といい、過去に囚われてばかりいる生き方を「過去に生きる」といいます。では、「今を生きる」とは、どういったことなのでしょう?

それは、「今、自分の目の前で起きていることに集中する」ということではないでしょうか?

先日、シャスタ山在住の生まれながらの覚醒者、マザー・ポーシャ・アマラさんと4日間を共にしました。そこで学んだことのひとつは「今を生きる」ということでした。

たとえばポーシャさんは、食事の前の「いただきます」の挨拶ですら、合掌してしばらくその波動やエネルギーを感じるのです。ハーブティーをお飲みになる時にも、香りだけではなく、ハーブティーが発している音をキャッチし、その波動を感じて楽しむのです。物体に存在するエネルギーとコミュニケーションをとっていらっしゃるのです。なんと深い時を刻んでおられるのか！　と感動しました。

現在の物質社会では毎日の仕事や時間に追われてそれどころではないのは承知の上なのですが、その生活の中に「今を生きる」瞬間を取り入れたらいかがでしょうか？　もしかすると、通勤途中でヒントがあるかもしれませんね。

白銀の巻　第二帖（六一三）

わかるように申すならば、宇宙は、真と愛との現われであるぞ。愛と真ではない。、、愛、真、善、智であるが、愛真でもなく、善智でもないぞ。愛と真が善と智と現われ、喜びとなってはたらき、、が加わって弥栄えた生命であるぞ。愛のみというものないぞ、真のみというものないぞ。愛と現われ真と現われるのであるぞ。人間には現われたものだけよりわからんのであるが、言分《ことわ》けて申すならば愛には真隠れ、真には愛隠れ、その奥に、があるのぢゃ。人間は親を父と母とに区別しているが、母と現われる時は父その中に居り、父と現われる時はその中に母いるのであるぞ。いずれも親であるぞ。父となり母となり現われるのであるぞ。愛と真、善と智と区別して説かしておいたが、それは今までのこと、いつまでもそんなところでまごまごさしてはおけんぞ。ヽがわからねばならん。ヽのヽがわからねばならん。男の魂は女、女の魂は男と申してあろう。人間の目に愛とうつるものは外の愛、真とうつるものは外の真ぞ。中から申せば外は御役の悪であるぞ。今が過去で、今が未来ぞ。時間にふみ迷うなよ。空間に心ふみ迷うでないぞ。皮一枚脱いで心でよく考えなされ。いつも日が出ているでないか。月輝いて御座《ござ》るでないか。力そのものに、力はないのであるぞ。霊と肉の結びのみで力現われるのでないぞ。プラスとマイナスと合わせて組みて力出ると思うているのであろうが、一歩踏み出さねばならんぞ。プラスとマイナスと合わせたのではプラスとマイナスぞ。力出ないのざ。ヽの力が加わって其処《そこ》にヨロコビ出て、理《ミチ》となり、なり、なりて真実と現われるのぞ。弥栄が真実ぞ。神ぞ。神の心ぞ。竜神と申しているが竜神にも二通りあるぞ。地からの竜神は進化して行くのであるぞ。進化を嘘ざと思うは神様迷信ぞ。一方、天からの竜神は退化して行くのであるぞ。この二つの竜神が結ばれて人間となるのであるぞ。人間は土でつくって、神の気入れてつくったのざと申してあろうがな。岩戸閉めと岩戸開きの二つの御用のミタマあると申してあろうが。ミタマの因縁恐ろしいぞ。愛と智は呼吸して喜びとなるのであるぞ。よろこびは形をとる。形なく順序なきもの○であるぞ。善と真のはたらきを完全にするには、善と真との差別をハッキリとさせねばならんぞ。融け合わせ、結んでヨロコビと現われるのであるが、区別することによって結ばれるのであるぞ。ヽしなければならん。すればするほど力強く融け合うのであるぞ。大き喜びとなるのであるぞ。このこと日月《ひつく》の民《たみ》にはわかるであろうがな。道は三つぞ。合点ぢゃなあ。小の中に大あるぞ。無《ム》の中に有《ウ》あるぞ。ものますます小さければ、ますます清ければますます内に大きなものあり、ますます純なものあるぞ。神はそなたの中にあるが外にもあると申してあろうがな。✡（ウム）よく見て下されよ。愛はそのまま愛でないぞ。真はそのまま真でないぞ。善はナマでは善でないぞ。智はナマでは智でないぞ。、入れて、結んで解けてヨロコビとなるのざ。ヨロコビ生命ぞ。宇宙のすべて生命であるぞ。（一月一日）

〈宇宙訳〉
この惑星の方々にわかりやすくお伝えすると、宇宙は、「真実と愛」で現象が起きています。

「愛と真実」ではないのです。

「愛・真実・善のパワー・叡智」なのですが、愛と真実が、善のパワーと叡智として現れて、喜びとなった働きが加わり、キラキラした魂エネルギー体となるのです。

「愛のみでできている」というのも

「真実のみでできている」というのも
誤解を生じる表現といえるでしょう。

「愛として現れ、真実として現れる」ことなのです。

この惑星の方々は、現れた「現象」で真実を読み悟ることが困難のようです。

噛み砕いてお伝えいたしますと
「愛には真実が隠されており、真実には愛が隠されている」

そして、その奥に「空」が存在するのです。

この惑星の人々は、親を父と母とに区別されていますが、
母が表面的に現れている時にはその奥には父が存在しており、
父が表面的に現れている時には、母がその奥に潜んで存在しているものなのです。

どちらも、親であることには違いないのです。

父となり母となり表面的に現れているのです。

時の流れ、時代により宇宙からのメッセージも変化するのです。

宇宙からのメッセージは、この惑星の方々の受け入れる体制、ステージ、タイミングにより、
その時その時代に理解できるよう準備され、伝えられているのです。

しかしながら、もう最終段階に来ています。
「空」の概念を理解していただきたいものです。
「空」の「真髄」をご理解いただきたいのです。

この惑星では、男性の魂の本来の姿は、女性らしいのです。
反対に、女性の魂は男性らしいのです。

「男性」は「強い子」に、「泣いてはいけない」と育てられます。
真実は、とても繊細で魂がソフトにできているのが男性なのです。

そして、女性は「優しい子」に、「細やかな気配り」ができるようにと育てられます。
女性は本来、とても豪快で芯がしっかりしていて、強いのです。

この惑星の人々の目に愛として映っているものの多くは
「外に求める愛」すなわち「自分が愛してほしいから愛する愛」「相手に求める愛」。

多くの人の目に映る真実も「外に求める真実」「相手に求める真実」。
それは外側に存在するものなのです。

自分の内から湧きあがるものが
「宇宙からの視点で言うところの愛・真実」なのです。

この惑星の時間の概念と宇宙の視点とでは感じ方が相違しているようです。

過去・現在・未来は、すべて現在なのです。
現在とつながっているのです。

現在すなわち「今」が大切なのです。

過去に生きるとは、過去の出来事を思い出し
その出来事に対して感情を使ってしまっていることを言います。

未来に生きるとは、未来のことに気を取られている状況を指します。

「今」を大切にし、「今を生きましょう」。

狭い視点から現状を見るのではなく、
広い視点に立って物事を見極めることが賢明といえるでしょう。

一日の中でも、太陽が出ている時と月が輝いている時があるように人生においても同じ味わいができるといえるでしょう。

人生を楽しく味わうのです。

肉体と魂があり、人が存在しているのですが、それのみでパワーが出るわけではないのです。

そこに「空」の概念が加わり、そして前に進むことによって「喜び」が現れ、その条理に触れることで初めてパワーが出現するのです。

「喜び」そして「感謝」の中に真実があるのです。

愛が自分自身から噴水のように溢れだし、そしてその愛で自分を満たし、そして周囲へと愛が流れていき、その流れ出た愛が自分に戻ってくるのです。

その状況になることで宇宙の愛を感じとることができるでしょう。

宇宙の叡智を同時にキャッチできる準備が整うでしょう。

宇宙からの愛と叡智をキャッチすることで「喜び」が出現するのです。

その喜びはある形として自分自身の生活の中で変化を起こすことでしょう。

喜びは、形として生活に現れてきますが、形も順序も決まった形式もないのです。

ただ、宇宙の愛と叡智を感じることにより得る喜びが
自分の生活に変容を起こすほどに形として現れるということなのです。

宇宙はとてもシンプルにできているのです。

そして、善のパワーと真実の働きをパーフェクトにするためには、

善のパワーと真実とを区別して考えることが肝要です。

真実は、常に善のパワーではないのです。
真実は、そのままの事実ということです。

嘘偽りがないということです。

善のパワーとは、愛と叡智がバランスよく
存在することにより出現してくる存在ともいえるでしょう。

善のパワーと真実が結びつき、溶け合うことで「喜び」が出現するのです。

今後のミロクの世には、三の文化が重要なのです。
二元化ではなく、三つは存在するのです。
中庸が存在するのです。

小さいものの中に大きいものが存在しているのです。
ないものの中に「ある」が存在するのです。

ものがますます小さく清らかであれば
中身にはますます大きなものが存在し、
そしてますます純粋なものが存在しているのです。

あなたの中には、私（創造主）とつながる小宇宙が存在しています。
あなた自身が小宇宙であり、自分の人生の創造者なのです。
しかしながら、あなたの外側にも創造主は存在しています。

愛や真実、善のパワー、叡智のどれをとっても
そのまま単独では「喜び」につながることはないでしょう。

その各々がパワフルに呼吸して初めて「大きな喜び」が出現するのです。
喜びは、魂エネルギーを躍動させ、生きる原動力となることでしょう。

すなわち、それは「生命」そのものとも言えるのです。

宇宙のすべては「生命」でできています。

喜びが必要といえるでしょう。

✳アシュタールからのワンポイントアドバイス✳

喜びと感謝のエネルギーが宇宙の波動と共鳴すると素晴らしい惹き寄せが開始されるのです。

時空を超えた宇宙

人の心というものに注目しましょう。このひふみ神示では、心自体には「時空」がないのだということをさまざまな視点から説明されています。

少し禅問答のような箇所もありますが、それを辛抱強く理解した先に、晴天が見えてくるでしょう。「心という捉えどころのないものをどう捉えるのか？」それを宇宙の視点から、私たち地球人にわかりやすく伝えてくれています。

時空を超えるという感覚や、過去の記憶をなくしている私たち地球人にはなかなか理解が難しいかもしれませんが、この部分を読み進めると「心」というものが徐々に見え始め、最後に「なるほど」と腑に落ちるようになるでしょう。

ぜひともこの宇宙の感覚を感じて、遠い過去、宇宙の星に生きていた頃のあなた自身を思い出すきっかけにしてください。

白銀の巻　第三帖（六一四）

⦿の中の、の中の⦿は一であり、二とひらき、三と生命するぞ。理は一《ヒ》で二《フ》で、三《ミ》であると申してあろう。一《ヒ》も二《フ》も三《ミ》も同じであり、違って栄えるのざ。一二三《ヒフミ》であるぞ。このこと教えられてもわかるまい。ハラでわかる大切こと、ハラ大切ぞ。かたまってはならん。、に囚《とら》われると、、はわからん。地の定規で測ってはならん。如何《いか》なる天国も自分でつくるのぞ。そろばん捨てよと申してあろうがな。よろこびは理《ミチ》ぞ。数ぞ。言ぞ。真理ぞ。愛善ぞ。生命のイキということわかるであろう。天国と申すのは一人の大きな人間であるぞ。天国は霊人のみの住む所でないぞ。そなたたちも今住んでいるでないか。霊人も現界に住んでいるでないか。現界を離れて天国のみの天国はないのであるぞ。故にこそ、現界で天国を生み出し、天国に住めんものが、死んで天国へ住める道理ないのぢゃ。アメツチと申してあろう。この道理よくわきまえよ。善とか悪とか真とか偽とか愛とか憎とか申すのは相対の天国ぞ。まことの天国には喜びのみが生きているのであるぞ。喜びの中に融け入って、喜びのものとなっているのであるぞ。喜び食し、喜び着、喜びを呼吸し、喜び語り合って嬉し嬉しとなるのぞ。要らんものは形が変わって来る。新しき生命湧《わ》き出るのであるぞ。善が悪と、真が偽と変わった時は死となるぞ。その死は新しき別の生命と現われて、新しき形の、新しき世界の善となり真となるのぞ。善も悪もないのざと申してあろう。善悪はあるが無いのざと申してあることわかりたか。自分自身、己の為の善は死し、全の為の善は弥栄えるぞ。死んだものは新しき形をとって生命するのであるぞ。弥栄の道、神の喜び人間の喜びの中にあるぞ。愛ざと申して愛に囚われて御座るぞ。真ざと申して真に囚われて御座るぞ。喜びに生きよ。宗教に囚われてはならん。道に囚われてはならん。喜びに生きて、喜びに囚われるなよ。お互いに喜びの湧き出づることでなければ真の愛でないぞ。道でないぞ。天国に道あると申すが、今の人間の申したり、考えたりするような道でないぞ。道なき道と申してあろうが。喜びが道であるぞ。嬉し嬉しの道、早う合点せよ。生命栄えるもの皆喜びであるぞ。信仰とは、その

喜びの中に融け入ることぞ。生も死もなくなるのざ。時間や空間を入れるから、血、通わなくなるのぞ。(一月二日)

〈宇宙訳〉

「空」の中の「空」の中の「空」は一でもあり、二を生じ、三を根源とします。

条理は、ひふみ、つまりこの「宇宙の法則」に則っているのです。

同じ一、二、三であり、双方がそれぞれに違った形で繁栄していくのです。

このようにお伝えしても理解しがたい内容だと思いますが、

「丹田」に意識をおき、よくよく感じてみてください。

自分自身の考え方や感じ方に固執することを手放しましょう。

今までこの惑星での経験からくる自分自身で創った契約や制約、

つまりそれは、「こうあるべきである」「こうあらねばならない」といった言葉で表現できるものでしょう。

「空」の概念にとらわれていると、「空」の概念は理解できないでしょう。

この惑星のスケールで判断しようとするともっともっとわからなくなるでしょう。

さまざまな天国と呼ばれるものも自分で創ることができるのです。

あなた方は、「創造者」なのですから、自分の人生をクリエイトすることができるのです。

しかし、クリエイトするためには
「宇宙の法則」に則る必要があるので、お伝えしているのです。

自分の頭で考えること、思考を中止することで宇宙からの叡智が自分のインスピレーションとして感じることができるでしょう。

「天国」とは別に世界があるわけでも、
肉体を持たない魂だけが存在する場所でもないのです。

この惑星に住んでいる肉体を持つあなた方が
今住んでいるこの場所で「天国」を創ることができるのです。

厳密にお伝えすると、この惑星のあなた方が住んでいる
この場所においても、肉体を持たず魂のみの存在がいるのです。

ただ、あなた方が見えないだけなのです。

「天国」の状態とは、今あなた自身の「心」の状態を指すのです。

あなた自身が「あなたの天国」を創ることができるのです。

今のあなた方の心が「天国」でないのであれば、
死んで肉体を離れても「天国」には決して行くことができないのです。

それでは、どんな心の状態が「天国」を指すのかと申しますと
「喜び・感謝」に溢れている状態なのです。

喜んで食べ物を食べ感謝し、
喜んで自分の肉体に服を着せては感謝し、
喜んで呼吸して、呼吸ができることに感謝し、
喜びを語り合ってまた感謝し、
嬉しい、嬉しいという人生になってくるのです。

その時、あなたに不必要なものは自然と形が変わり
新しく清らかなあなた自身の魂が誕生するのです。

正式には、その状態に戻るのです。

この宇宙には、善悪、真偽、二元化の思考はなく
それを評価することもないのです。

あなた方が「死」という状態になる時、魂エネルギーは肉体から離れると、
魂エネルギー体としての新たな出発が待っており、それが繁栄の道でもあるのです。

魂は永遠というのはそのことを示しているのです。

あなた方が「神」と呼ぶ存在の「喜び」は、
あなた方、肉体を持つ人間の喜びの中にあるのです。

「愛」が大切だと言って知らぬ間に「愛」にとらわれていませんか？

「愛」さねば、愛さねばと自分を追い詰めていませんか？

「真実」が大切だと言って自分を追い詰めて、「真実」にとらわれていませんか？

「宗教」が大切だと言って信仰しないと幸せになれない、と「宗教」にとらわれていませんか？

これが人の生きる道理であると、その道理にとらわれていませんか？

「喜び」に生きて、喜びにとらわれないようにしましょう。

「真の喜び」とは、宇宙の愛と叡智とつながり

お互いに「喜び湧き出る」ことでないと「真実の愛」とは呼べないのです。

今現在この惑星に住む人々が一般に言っている道ではないのです。

道なき「宇宙の法則」、すなわち条理なのです。

「真実の喜び」「嬉し嬉しの喜び」が重要です。

生命が栄えるものは、すべて「喜び」なのです。

信仰とは、その「喜び」の中に溶け入ることなのです。
その信仰には、「生」「死」の境目がなくなっていくでしょう。

時間や空間の思考を超えた考え方を心がけていただくことで、
よりわかりやすくなると思います。

白銀の巻　第六帖（六一七）

元の元の㋰から㋰、㋒の中界を経《へ》て、ウの現界に到る悉《ことごと》くの世界が皆人間に関係あるのであるから、肉体はウであるが、魂は㋰に通じているのであるから、㋰はヨロコビであるから、喜びが人間の本体であるから、神界と言い、現界と言い、一本の国であるから、人間からすれば、人間が土台であるから、神の礎《いしずえ》であるから、神鎮《しず》まれば神人《かみひと》となるのであるから、神界、中界、現界つらぬきて居らねば、マコトの和合して居らねば、マコトの喜びでないから、マコトの喜びが大神であるから、大神の働きは人間によるものであるから、心せねばならんぞ。、せねばならんぞ。天使と言い、天人と申すも、みなそれぞれの国の人間であるから、喜びの人間であるから、この道理わかりたら、地の世界と、中の世界と、天の世界と、みな同じであるから、持ちつ持たれつであるから、三千世界であるから、地の上に禍《わざわい》あると、天の国にも禍《わざわ》うのであるから、天の国の生活は地の上に根をつけているのであるから、遠くにあるのでないぞ。同じ所にあるのであるぞ。幽界と申すのは道を外れた国のことざと知らしてあろうがな。地獄無いと申してあろうがな。このこと間違わんように、地獄地獄の言葉、やめて下されよ。言葉からモノ生むのぞ。ただモノが違うのみであるから、人間の心が神に通ずるときは喜びとなり、幽人に通ずるときは悲しみとなるのであるぞ。通ずる心あるから心に自由あるのであるぞ。弥栄あるのであるぞ。この道理よくわきまえて下されよ。天人に結婚もあれば仕事もあるぞ。死もまたあるのであるぞ。死とは住む段階の違う場合に起こる現象ぞ。死とは生きることぞ。人間は皆、神かかっているのであるぞ。神かかっていないもの一人も居らんのぢゃ。神かからんものは呼吸せんのぢゃ。このことわかりて居ろうがな。霊人は人間の心の中に住んでいるのであるぞ。心を肉体として住んでいるのぢゃ。その中にまた住んでいるのぢゃ。平《ひら》とう説いて聞かしているのぢゃ。霊人と和合しているから、神かかりであるからこそ、三千世界に働き栄えるのぢゃぞ。神界のこともわかる道理ぢゃ。幽界のこともわかる道理ぢゃ。人間の言うかみかかりとは幽界のカミかかりぢゃ。ロクなことないのぢゃ。神かかりにも、神かかりとわからん神かかり結構ぢゃなあ。まことぢゃなあと知らしてあるのにまだわからんのか。（五月八日）

〈宇宙訳〉

元の元の「空」から、「空」の中間の世界を経て

「有」のこの惑星の世界と接するほとんどの世界は、

みんなこの惑星に住んでいるあなた方と関係があるのです。

肉体は「有」と表現できるでしょう。

魂は「空」に通じているのです。

「空」は「喜び」といえるのですから

すなわち「喜び」は、あなた方この惑星の住民そのものなのです。

宇宙と現在あなた方が住んでいるこの世界は一つの国ともいえるのです。

あなた方からすれば、「人間」が土台に存在しています。

それと同時に「神の基礎」ともいえる存在なのです。

そう考えますと、「神が鎮まれば、あなた方人間は神人」となるともいえるでしょう。

宇宙と「空」をいう中間の世界と人間が住んでいる現世界が、
本当に和合していない状態でないと真実の喜びに達することができないのです。

真実の喜びは、宇宙の愛と叡智を得た時に感じるものなのですから、
私（創造主）の拡大成長は、人間によるものと一致していますので、
そのことを意識してあなた方は行動していく必要があるでしょう。

「天使」や「天人」と呼ばれている存在も
みんなそれぞれの国の人間のことなのです。

「喜びと感謝」の境地に至っている人間のことなのです。

地球・空・宇宙はすべてつながっているのですから、運命共同体ともいえるでしょう。

宇宙と地上とは、つながっているのです。
決して遠くに存在する世界ではないのです。
むしろ、同じところにあると表現しても間違いではないのです。

「幽界」というのは、魂エネルギー体が道を外れて横にそれている存在たちがいるところなのです。

「地獄」というものは、ないということをお知らせしていたと思います。

「地獄」という言葉を発するのはもうやめにしましょう。

言葉には言霊《ことだま》というエネルギーが存在しますので

あなた方が「地獄」と言い続けている限り、それを実現させてしまうのです。

本来の宇宙には存在しないものを発生させてしまうのです。

ただ、ものが違うと言っているだけです。

人間が宇宙とつながり「宇宙の愛と叡智」に触れた時には、「喜びと感謝」を発するでしょう。

それが「天国」だとすると、
人間のネガティブなエネルギー体が存在する「幽界」のエネルギーに触れると、
「悲しみ」すなわち「地獄」を味わうでしょう。

心は自由なのですから、自分自身で選択することができるのです。

自分がどの方向に進みたいのか、どのような魂と接したいのか、
どのような魂の状態を選択するのかはすべて「自己選択」ができるのです。

その条理を十分理解していただきたいと思います。

天人と呼ばれる、宇宙とつながり「喜びと感謝の心」を持った人間にも、結婚もあり仕事も存在するのです。

そして、天人にも「死」というものが存在します。

「死」というものは、住む段階の違いによって生じる現象ともいえるのです。

人間にはすべて「神」が内在しているのです。

「神」が内在していない人間は存在しないのです。

「神」が内在しない存在は「呼吸」をしないのです。

「呼吸」というのは、人間に与えられた宇宙とつながるためのツールなのです。

高次元に存在するあなたの本質は人間の心の中に住んでいるのです。

高次元の存在があなた方に内在しているから

あなた方は、「神がかっている」という表現をしているのです。

宇宙へ意識を向け、交信をしていく中で「宇宙の法則」が理解されていくのです。

あなた方が言う「神がかり」というのは

「幽界」の存在とつながることを言っているようですが

そこには「宇宙の法則」でいう「宇宙の愛や真実」は存在しません。

従って、それを得て「喜びと感謝」という天界にも

勝る心の状態に導かれることはないでしょう。

私（創造主）は、宇宙の真実の条理を伝えているのです。

白銀の巻　第七帖（六一八）

天国が写って地が出来ているのぢゃから、霊の国はさらに立派、微妙ぞ。天界のもの光り輝き幽界のもの暗くなる違いあるだけぢゃ。その時の状態によって変化するが、すべては神が与えたのぢゃ、現界同様、与えられているのぢゃと知らしてあろうがな。時間、空間もあるのであるが、ないのであるぞ。同じ状態にあれば同じ所に住み、変化すれば別の所に住むのであるぞ。見ようと思えば、念の中に出て来て、見ること、語ること出来るのぢゃ。見まいとすれば見えんのぢゃ。自分で見、自分で語るのぢゃぞ。時、所、位、すべてが想念の中、想念のままに現われて来るのであるぞ。わかるように申すならば、時間も空間も映像であって、情態が変わるのみのことであるぞ。情態のもと、本質は限りないから、無限であるから、自由であるから、霊界は無限、絶対、自由自在であるぞ。現界では、時間に順に得たものでも、心の中では時間に関係なく、距離に関係なく、一所《ひとところ》へ並べられるであろうがな。心の世界で、時間、空間のない道理これでよくわかるであろうがな。（五月八日）

〈宇宙訳〉

「天国」が反映してこの地上ができているのだから

霊の国はさらに立派だと思い込むのは、微妙なことなのです。

天界のモノは「光輝き」
幽界のモノは「暗くなる」という違いがあるだけなのです。

その時の状態によってあなた方人間の感情は変化するのですが、
それはすべて私（創造主）が与えた現象なのです。

現世界同様に、あなた方に与えたものなのです。

その感情の変化は、異次元に存在する「あなたの本質」と
今この地上に存在するあなたの人生が一致しているかどうかわかるシステムになっているのです。

そういう意味においては、時間や空間もあるようでないのです。

あなたの感情すなわち魂の波動のステージが存在する世界に生きているのです。

あなたの感情が「喜びと感謝」の波動ステージに存在しているのであれば、
あなたの住んでいる世界には、その「喜びと感謝」の波動に
惹き寄せられる物事しかない世界に住むことになるでしょう。

そして、あなたの感情が変化し、波動のステージが変われば、
あなたが存在する場所も変化するのです。

あなたの波動のステージに合った場所へと変化するのです。

自分がどの世界に存在しているのか見ようと思えば
自分の感情に意識を向けることで自己分析できることでしょう。

あなたが見えない世界の存在と語ろうと思えば、
あなたの意識をそこに向けるだけで見えたり、会話ができるのです。

見ようと思えば見えるのです。

必ず、自分で見る。

自分で会話をするのです。

時、場所、ステージがすべてあなたの意識とつながっているのです。

意識をそこに向け、チャンネルを合わせることでキャッチできるのです。

わかりやすくお伝えしますと、時間も空間もただの映像であって、
感情による状態が変わることを指しているともいえるのです。

感情の状態の元は「あなたの本質」であり異次元に存在しており、
私（創造主）が「あなたの本質」を創造した時に
私（創造主）に近い状態で誕生させたのです。

「あなたの本質」は、
私（創造主）に近い、完璧に近い状態で今もなお異次元で存在しているのです。

その「あなたの本質」は永遠不滅の光の存在なのです。

自由に存在し、宇宙は無限であり、完璧であり、自由自在なのです。

この地上の世界では、時間の経過とともに得たものでも
心の中では時間に関係なく、距離にも関係なく
一カ所に存在しているのではありませんか？

心の世界では時間と空間が存在していないという道理は、
これでご理解いただけましたか？

✳アシュタールからのワンポイントアドバイス✳

「天国」の状態とは、今あなた自身の「心」の状態を指すのです。

Chapter 6

創造主こそ私たちの本当の親である

——あなたの無限の力を思い出そう！

喜びの人生を生きるコツ

宇宙の豊かさを冷静に感じ、「どうして人間はこのようにあくせく働くことを選択してきたのだろうか?」と、今一度立ち止まって考える時が来ているようです。

私自身もこれを執筆する数カ月前までは、あくせくと働く労働者でした。その当時は、自分でその人生を選択し、やりがいを感じる日々を送っていると思い込んでいました。

しかしある時、自分が歩んできた今までの人生を振り返ると、なんて貧相だったのだろうと思ったのです。同じ体験をしても、同じ環境に身を置いていても、「豊か」とはほど遠いものに感じました。道を歩いている時にも、咲いている花に目を向け、太陽の日差しに感謝をする余裕もなく、秒刻みの時間を気にして生きる人生が素晴らしいのだと思い込んでいました。口にする食べ物一つ一つを感じながら感謝をしていただくことの大切さを感じたのはごく最近でした。

そして私は知りました。自然の豊かさに触れ、感謝をして生きていくことがどれだけ人間らしく「今を生きる」ことになるのか。自然を感じ、宇宙と共鳴し合うことで、なんと豊かな人生が歩めるのか。そして、「宇宙の法則」に則り、身を委ねて生きていると、宇宙の采配により、「喜び」が溢れることがいかに多いことか。

私は、周囲の人々が「宇宙の法則」に身を委ね、自分の本質に正直に生きることでどんどん豊かな人生を惹き寄せている姿を見て、感動と感謝の日々を送らせていただいています。多くのこの惑星の方々に豊かな人生、輝く人生を味わっていただきたいと心の底から思っています。そのためにもこの神示を読み、宇宙の喜びとこの惑星での喜びとの相違点にも触れていただけたらと思います。

夏の巻　第一帖（七一八）

与えられたもの、そのもの喜ぶようにすれば楽に行けるよう、暮し向きも楽し楽しで暮らせるようになっているぞ。あり余るほど与えてあるでないか。生かして使えよ。生活に何故あくせくするのぢゃ。与えてあるもの殺すから自分も死の苦しみするのぢゃ。有限でなければモノは顕《あら》われないぞ。モノに顕わすと有限となるのぢゃ。すべてに感謝せよと申してあろうが。すべてのものに、それ相当の意義あるぞ。全体的には喜びせねばならん。愛をもって接しなければならん。信をおかねばならん。ぢゃと申して局部々々においては、それぞれ、その時に応じて処理せねばならん。ただその場合は、ゆとりをもって処理せよ。綱長くしておかねばならん。

〈宇宙訳〉

与えられたものを喜ぶようにすれば楽にいけるように、
生活も楽しい、楽しいと楽しんで暮らしていけるようになっているのです。

宇宙にはあり余るほどの豊かなものがあります。
そして、もちろんこの惑星にも同じく豊かなものが存在しているのです。
それを感じて、活かして使ってみましょう。

なぜ、そんなに生活にあくせくするのでしょう。
宇宙からの溢れんばかりの豊かなものを見失っているだけなのです。

物質世界の道理にはまってしまうと
溢れんばかりの豊かさは、有限となってしまうのです。

自分の周りのすべてに感謝することで、「喜びと感謝」の波動により
あなたに今起きているさまざまな事の必要性がわかってくるでしょう。

今のあなたの成長拡大に必要だから起きている事柄がわかってくるでしょう。

そのことがわかってくると、自ずともっと喜びが増し感謝が溢れてくるでしょう。

自分自身をまず愛しましょう。
宇宙の愛を感じるでしょう。
そこには、信じるということが必要なのです。

自分の周りの出来事それぞれにおいては
その時に応じて処理をする必要があるでしょう。
その場合は、「あなたの本質」とつながり、余裕をもっての処理が必要でしょう。
つながりの綱を長く持っておくとよいでしょう。

夏の巻　第二帖（七一九）
丶がよろこびであるぞ。また丶の丶はムでもあるぞ。内から外に向かって行くのが㋹のやり方、外から内に向かって行くのが、幽界《がいこく》のやり方。◯から丶に行くのは、マコトが逆であるから、マコトのことはわからん。外から行く宗教や哲学や科学が元をわからなくしているのぢゃ。元わからんで生きの命のわかるはずないぞ。今の世は逆様《さかさま》ぢゃ。先祖から正せよ。原因から正して行かなならんぞ。㋹から出て丶に還り、無限より出て有限に形し、有限から無限に還り、また有限に動くのがマコトのやり方であるぞ。マコトの理解者には甘露《かんろ》の水ぞ。

〈宇宙訳〉

空の世界が喜びの世界と言えるでしょう。

空とは、あるようでない、ないようである、静寂の世界なのです。

静寂の世界の中で、真の自分を見つけることができ、

真の自分との出会いが「喜び」につながっていくのです。

また、空の静寂の世界は、レムリア時代とも言えるでしょう。

ムー大陸の時代は、静寂の世界を感じることが可能でした。澄みきった心の世界です。

自分の本質は、宇宙とつながっています。

自分の奥底は宇宙と共鳴する真の自分が存在しているのです。

真の自分から物質世界に影響を与えているのが「宇宙の法則」
つまり、私（創造主）のやり方とも言えるのです。

逆に、物質世界の出来事に影響を受け、それに自分自身を合わせていこうとする方法は、
「宇宙の法則」の法則の外側に存在しているものです。

物質世界にある外形的なものを基盤として静寂の世界、
つまり、心が清らかで落ち着いている世界に
考え方を移していったところで、基盤となっている世界、
物質世界が「宇宙の法則」とは逆の思考にあるため、「宇宙の法則」をわかるはずもありません。

物質世界にある外形的なものを基本として説かれている宗教や哲学や科学が、
真の法則をわからなくしているのです。

基本の法則がわかっていないのですから、生命の真実を知るはずもありません。

今現在の物質世界は、すべて投影なのです。
宇宙に真実があり、その真実を地球で投影されているだけなのです。
しかし、その投影すら、真逆に写されています。

地球の先祖を伝える歴史から真実を伝えられていないのです。
正しい真実を伝え直していくべきでしょう。
真逆な法則を伝えられた根本の原因から正していくことが自然な流れになるでしょう。

「宇宙の法則」であるエネルギーの自然な流れをお伝えいたします。

まず、私（創造主）から誕生した魂エネルギーは、
自分の真実に共鳴する、静寂の世界とつながります。
そして、無限の光のエネルギーを持つ存在であった頃と共鳴しながら、
物質世界つまり外形的な世界に影響を与えるのです。
外形的な物質世界での多様性の経験をし、その経験をすべて高い波動へと変容し、
そして、再びその波動に共鳴する物質世界を創造するやり方が真のやり方なのです。

真実の「宇宙の法則」に則って生きる人々にとっては、
素晴らしい人生を創造することとなるでしょう。

夏の巻　第三帖（七二〇）

人間とは神と共に自分自身で生長して行かなならん。人間から見れば全智全能の神、あるのであるぞ。このことよくわかりて下されよ。マコトの理解と迷信との別れる大切ことぞ。

〈宇宙訳〉
人間は、私（創造主）と共に自ら成長していくのです。

人間から見れば、全知全能と言われている私（創造主）と共にあるのです。

あなた方が肉体を持ち、この惑星に降り立った時には、楽しみでわくわくしていたのです。

その時のこの惑星に降り立った役割の一つ、目的は、

あなたの魂が肉体を持つことにより、感情というものが与えられ、
この惑星での「多様性」というものを体験することで、
自分の魂を「拡大成長」させていくことです。

あなた方の拡大成長は、同時に私（創造主）の拡大成長に影響を及ぼしているのです。

あなた方の魂と私（創造主）は、運命共同体ともいえるでしょう。

あなた方がさまざまな多様性を学び、体験し、拡大成長していくことで、
私（創造主）が拡大成長していくということは、
宇宙自体がどんどんと拡大成長を継続しているということなのです。

このことはあなた方がこの惑星に降り立った目的の中の一つなのですから、
このことをお伝えして思い出す方や心当たりのある方もいらっしゃるでしょう。

夏の巻　第四帖（七二一）

何神様とハッキリ目標つけて拝めよ。ただぼんやり神様と言っただけではならん。大神は一《ひと》柱《はしら》であるが、あらわれの神は無限であるぞ。根本の、太《オオ》⊙《ヒ》◎《ツキ》⊕《クニ》大神さまと念じ、その時その所に応じて、とくに何々の神様とお願い申せよ。信じ合うものあれば、病気もまた楽しく、貧苦もまた楽しいのであるぞ。例外と申すのは、ないのであるぞ。他の世界、他の天体、他の小宇宙からの影響によって起こる事象が例外と見えるのぢゃ。心大きく、目開けよ。

〈宇宙訳〉
あなた方が「神」と呼ぶもの、「大天使」と呼ぶものは実に多く存在します。
私（創造主）は、一つのエネルギー体なのですが
現れてくる高次元の存在は無限に存在するのです。
私（創造主）はあなた方を完璧な状態で創りました。
しかし、現在は「病気」と呼ばれるものが存在しています。
私は「病気」というものは創らなかったのです。

現在存在しているということは、あなた方が創り出したものといえるでしょう。

あなた方が自分で創り出したものなのですから
あなた方が自分で治し、消すことができるでしょう。

その時に、サポートしてくれる高次元の存在がいれば、楽しんで乗り越えていけるでしょう。

例外というものは宇宙には存在しないのです。

他の世界や他の天体や他の小宇宙からの影響によって起こる現象が、
例外として見えているのでしょう。

ハートをやわらかくし、膨らませ、愛で満たし、心の目を開きましょう。

夏の巻　第六帖（七二三）

本当にモノを見、聞き、味わい、消化して行かなならんぞ。地の上にあるもの、人間のすること、そのすべては霊界で同じことになっていると申してあろうが。まず霊の世界の動き大切。霊の食物、霊の生活、求める人民少ないのう。これでは片輪車、いつまでたってもドンテンドンテンじゃぞ。そのものを見、そのものに接して下肚《したはら》がグッと力こもってくるものはよいもの、ホンモノであるぞ。キはすべてのものに流れ込むもの。信仰は理智的にも求められる、全《まった》き情である。真理を理解するのが早道。確信となるぞ。

〈宇宙訳〉
真実のものを心の目で見る、心の耳で聞き、空気を味わいそれぞれを消化し、判断していく必要があります。

地上に存在するもの、人間がすることのすべては魂の世界と同じことになっているのです。

魂の世界の動きが重要です。

魂の納得する食べ物や魂に合わせた生活を求めることが重要なのです。

その生活を実践していると、ものに接した時に丹田で本物がわかってくるのです。

丹田にグッとパワーがみなぎるものは本物なのです。

気というものは、すべてのものに流れ込んでいるのです。

信仰は、不変の絶対的真実である真如《しんにょ》の道理が求められるでしょう。

それは、完全で欠けたところのない誠意ともいえるでしょう。

宇宙の真理を理解することが、人生を謳歌し
この惑星に転生してきた自分の魂の役割を感じる早道となるでしょう。

そして、実践していく中で、確信へと変わるでしょう。

夏の巻　第七帖（七二四）

神も人間も同じであると申してあろう。同じであるが違うと申してあろう。それは大神の中に神を生み、神の中に人民を生んだためぞ。自分の中に、自分新しく生む時は、自分と同じカタのものを生む。大神弥栄なれば、神も弥栄、神弥栄なれば人民弥栄ぞ。困るとか、苦しいとか、貧しいとか悲しいとかいうことないのであるぞ。道ふめと申すのは、生みの親と同じ生き方、同じ心になれよと申すことぞ。人民いくら頑張っても神の外には出られんぞ。神いくら頑張っても大神の外には出られんぞ。

〈宇宙訳〉

神も人間も同じなのです。

しかし、まったく同じではないのです。

それは、私（創造主）の中に神を誕生させ

神の中に人間を誕生させたために起こる現象なのです。

自分の中に自分を新しく生む時には
自分と同じ形の存在を生むものなのです。

私（創造主）がハッピーであるならば
神も同じくハッピー
神がハッピーであるならば
人間も同じくハッピーでしょう。

困るとか、苦しいとか、貧しいとか、悲しいということがないはずなのです。

「宇宙の法則」に則って生きていくならば、この法則が成り立つのです。

私（創造主）と同じ法則に則っていくならば
宇宙の愛と豊かさ、叡智、パワーがみなぎるでしょう。

その法則の外にある、この地上で作成した法則にとらわれていても、宇宙の愛、豊かさ、叡智、パワーを感じることはできないのです。

夏の巻　第八帖（七二五）

見えるものから来る幸福には限りがあるが、見えんものから来る幸福は無限ぞ。尽きんよろこびは常に神から。

〈宇宙訳〉

あなた方の目で見える範囲から来るハッピーには限りがあります。

あなた方の目で見えない宇宙からのハッピーは無限なのです。

喜びが尽きることなくあなたが望めばどんどんとやってくるのです。

夏の巻　第十四帖（七三一）

上に立つほど働かねばならん。働いても力は減らん。働くにはキ頂かねばならん。キから力生まれるのであるぞ。働くと申して動くばかりでないぞ。動かんのも働き、動くのも働き、よく心得よ。寄せては返し、寄せては返し、生きているのであるぞ。始めの始めと始めが違うぞ。後になるほどよくなるぞ。終わりの中に始めあるぞ。祈り、考え、働きの三つ揃《そろ》わねばならん。

〈宇宙訳〉

上のステージに行けば行くほど重要な役割を果たすことになるでしょう。

役割を果たすにはエネルギーが必要です。

宇宙のエネルギーをあなたに降ろすことによって宇宙のパワーが生じるのです。

役割を果たすといっても「動き」続けることではないのです。

「動かない」ことが役割の時もあるでしょう。

もちろん「動く」時もあるでしょう。

まるで大海の波のごとく、寄せては返し、

寄せては返し生きていることになるのでしょう。

一番初めの波と、次の波の内容が違ってくるのです。
どんどんと後になるほど、素晴らしい波となっていくでしょう。

終わりの中に始まりが存在するでしょう。
そこに意識を向けることで、次に始める時への参考になるでしょう。

「心で思うこと」
「言葉に出すこと」
「行動すること」

この三つを同じにする必要があります。

ここに相違ができると、自分自身がネガティブなエネルギーを発してしまうことになるでしょう。

同じにすべきこの三つは重要な事柄と言えるでしょう。

夏の巻　第十五帖（七三二）

生めば生むほど、自分新しくなり成り、大きくなる。人間は大神のウズの御子《みこ》であるから、親の持つ、新しき、古きものがそのままカタとして現われ居て、弥栄えている道理ぢゃ。人間のすべてに迫り来るもの、すべてを喜びとせよ。努力せよ。モノ喜ばせばモノは自分の喜びとなり、自分となる。心の世界は無限に拡がり、生長するのであるぞ。神に融け入って宇宙大に拡がるのであるぞ。神と共に大きくなればなるほど、喜び大きくなるのである。一神《いっしん》説いて多神《たしん》説かんのも片輪、多神説いて一神説かんのも片輪、一神則《そく》多神則汎神《はんしん》である事実を説いてきかせよ。

〈宇宙訳〉

不必要なものを見つけて、それを宇宙に手放せば手放すほど、自分自身が新しくなり、大きく成長拡大していくものなのです。

あなた方は私（創造主）の子どもなのですから

親である私の新しいものや古いものが
そのまま現れていて、栄えているのが真実の条理なのです。

あなた方に迫ってくるものすべてに意味や深い意義があることを信頼し、
自分の拡大成長に結びつくものだと確信すれば、
おのずと「喜び」「感謝」することができるでしょう。

自分の周囲のものや人々に対して、「喜び」を与えることにフォーカスするのです。
自分の周囲が喜びに満ちることで、あなた自身が喜びを感じるでしょう。
自分自身の心の世界は無限に広がり、成長拡大していくのです。

私（創造主）と一つとなり、融合し
あなたの成長拡大は宇宙大に広がっていくのです。

私（創造主）と共に成長拡大を続ければ、
喜びはどんどん大きく膨らんでいくのです。

私（創造主）と共にいるところは、ワンネスと言って、すべてのエネルギー体が一つに溶け合っているのです。

溶け合いながらも、個というエネルギー体は存在しているのです。

感覚で受け取っていただき、多くの方々に伝えていきましょう。

夏の巻　第十六帖（七三三）

人民は神の容《い》れ物と申してあろう。神の、と人間の、と通じて居ればこそ呼吸するのぢゃ。、と、と通じて居ればそれでよいのぢゃ。神の、と人民の、と通じて居るならば、神の○と人民の○と同じようにしておかねばならんと申すのは、人間の誤りやすい、いつも間違い起こすもとであるぞ。神の○と人間の○と同じようにしておくと思うて、三千年の誤りしでかしたのぢゃ。、と、と結んでおけば後は自由ぢゃ。人民には人民の自由あるぞ。神のやり方と自ら違うところあってよいのぢゃ。天の理と人の理とは同じであって違うのざと知らしてあろう。心得よ。

〈宇宙訳〉

宇宙の高次元の存在の静寂の世界と、人間の静寂の世界が通じていれば、呼吸するがごとく交流することができるのです。

静寂の世界と澄みきった心の世界が通じていればそれでよいのです。

宇宙の高次元の存在の静寂の世界と人間の澄みきった心の世界が通じているなら、高次元と人間の外形的な物質世界も同じでないといけないと思うのは人間の誤りやすい間違いを起こしやすい原因なのです。

高次元の存在と人間との間に、
外形的な物質世界が同じ価値観で物事を進めてきた中に
三千年間の誤りが生じてきたのです。

高次元の存在と人間の関係に、
静寂の世界の喜びや、澄みきった心の世界での一致があったのであれば、
その他は自由なのです。

人間には人間の自由があり、高次元の存在と違っているところがあって当たり前なのです。

「宇宙の法則」とこの惑星での法則は同じであるのですが、
すべて同じということではないのです。
この惑星でのみ存在する最低限の法則があるのです。
それは、外形的な物質世界特有のものが存在するのです。
その部分の事情を理解してわきまえてください。

夏の巻　第十七帖（七三四）

　神の姿はすべてのものに現われているぞ。道ばたの花の白きにも現われているぞ。それを一度に、すべてを見せて、呑《の》みこませてくれと申してもわかりはせんぞ。わかるところから、気長に神求めよ。すべては神から流れ出ているのであるから、神にお願いして実行しなければならん。このわかり切った道理、おろそかにして御座るぞ。そこに天狗出ているのぞ。

〈宇宙訳〉
神の存在は、すべてのものに内在しています。

道端に咲く白い花にも神が存在しています。

それを一度にすべてを見せて理解させてほしいと希望されても、
なかなか難しいのです。

わかるところから順番に、焦らずに気を長く
神との対話をすればよいではないですか。

すべては「神」から流れ出ているのですから
神と対話をしながら、神にお願いし
そして、あなた方はそれを実行、行動に移していくことが条理なのです。

神と対話して、行動に移す。
このシンプルなことが実行されていないのです。

その条理が実行されていない心の隙《すき》に

ネガティブなエネルギーが入りやすくなるのです。

これが、条理なのです。

夏の巻　第十八帖（七三五）

　自分が自分生むのであるぞ。陰と陽とに分かれ、さらに分かれると見るのは、人間の住む次元に引き下げての見方であるぞ。陰陽分かれるのでないこと、もとのもとの、もとのマコトの弥栄知れよ。

〈宇宙訳〉

自分が自分を創っていくのです。

自分の波動が自分の人生を創造していくのです。

陰と陽に分かれて、更にもっと分かれていくと判断するのは、あなた方が住む次元での見方なのです。

陰陽に分かれるという思考は、宇宙には存在しない。

宇宙には、二元性の思考はないのです。

その視点に戻って、今後の新しい世界を創っていきましょう。

夏の巻　第十九帖（七三六）

　その人その人によって、食物や食べ方が少しずつ違う。身体に合わんもの食べても何もならん。かえって毒となるぞ。薬、毒となることあると気つけてあろうが。ただ歩きまわっているだけではならん。ちゃんと目当てつくって、よい道進んで下されよ。飛行機あるに馬に乗って行くでないぞ。額にまず気集めて、肚で物事を処理せねばならんぞ。形ある世界では形の信仰もあるぞ。偶像崇拝ぢゃと一方的に偏してはマコトはわからんぞ。

〈宇宙訳〉

その人その人によって食べ物や食べ方が少しずつ違います。

自分の身体に合わないものを無理に食べても何の利益もないでしょう。

かえってマイナスとなることもあります。

あなた方は、薬は使い方によって毒になることに
気がついておられると思います。

それと同様に、食べ物も自分に合わないものは摂取しないほうがよいでしょう。

ただただ目的もなく歩き回るということがないように
目標を定め、よい道を進んでいきましょう。

飛行機という便利なものがあるのに
わざわざ馬に乗っていくということがないように
自分の第三の目に意識を集中させ
丹田で判断し、物事を処理していくのです。

形が存在する世界では、形の信仰もありますが

偶像崇拝といって高次元の存在の確認もせず
一方通行になるような偏りを生じる信仰は真実を見失うことになるでしょう。

必ず高次元の存在と確認し合い、対話をしていくことが重要です。

夏の巻　第二十一帖（七三八）

始めは形あるものを対象として拝むもよいが、行き詰まるのは目に見える世界のみに囚《とら》われているからぞ。タテのつながりを見ないからであるぞ。死んでも自分は生きているのであるぞ。大我に帰したり、理法に融け入ったりして自分というもの無くなるのでないぞ。霊界と霊と、現界と現身《うつしみ》とのことはくどう説いてあろうが。神示《ふで》読め読め。大往生《だいおうじょう》の道。弥栄に体得出来るのであるぞ。霊と体と同じであると申しても、人間の世界では別々であるぞ。内と外、上と下であるぞ。取り違いせんようして下されよ。

〈宇宙訳〉

初心者の頃は、形のあるものを対象物として崇拝するのもよいのですが、
行き詰まってしまう原因として

あなた方が目に見える世界のみにとらわれてしまうからなのです。

宇宙とのつながりを感じようとしなくなるのが、大きな行き詰まりの原因なのです。

「死」とは、自分の魂エネルギーは存在し続けていても、
肉体から自分の魂エネルギーが分離し抜け出した状態です。

宇宙のエネルギー体に還ったり、溶けいったりして
自分（個）というものがなくなるということはないのです。

この「宇宙の法則」を理解すれば、この現世でいわれる
「大往生の条理」で繁栄した状態になり、体得することができるのです。

肉体と魂が同じであるという視点は
肉体と魂につながりがあり、双方に強く関係していることを指しているのです。

しかしながら、「死」を考えると、肉体と魂は別々になりうる状態であることを指しているのです。

その視点の違い、側面の違いがあるのです。

夏の巻　第二十四帖（七四〇）

すべて世の中の出来事はそれ相当に意義あるのであるぞ。意義ないものは存在ゆるされん。それを人間心で、邪と見、悪と感ずるから、狭い低い立場でいるから、いつまでたってもドウドウめぐり。それを毒とするか薬とするかは各々の立場により、考え方や、処理方法や、いろいろの運び方によって知るのであるから、心せねばならんぞ。「今」に一生懸命になりて下されよ。三月三日、ひつく神。

〈宇宙訳〉

世の中のすべての出来事には、それ相当の意義があるとよくご存じと思います。

宇宙の視点から見てみますと、意義がないものは存在が許されないのです。

それをあなた方の住む世界の次元で道理にはずれていると判断したり、悪いと感じることが、
狭い低い立ち位置で存在し続けてしまう原因なのです。

同じ事象、事柄が起きても、存在するステージにより、
考え方、視点、処理の方法、解決に向かう方法がさまざまあり、
そのことで自分の置かれているステージを知るのです。

「今を生きる」ことに一生懸命になりましょう。

「今」が未来を創り出すのです。

「今」自分で感じる視点を宇宙に近い視点で見ることが可能です。

そのチャレンジをすることで、
あなたの住む世界のステージが宇宙に近づいていくのです。

＊アシュタールからのワンポイントアドバイス＊
宇宙の視点から得られる喜びは、無限です！

私たちは創造主とへその緒でつながっていた

私たちが宇宙に存在していた頃の「親」である創造主は、私たちが記憶をなくしているのをよく知っているので、その頃の私たちがこの惑星に転生する時はいかにポジティブで喜んでいたかを教えてくれています。

そして、「私（創造主）とあなた方とはへその緒でつながっているのですから、そのつながっているへその緒の奥のほうにたどっていくと、新しい広い世界が大きく開けているのです」「自分をなくせということではありません」と言っています。

また、そのへその緒は、地球、世界各国にも置き換えられて説明されています。今後私たちが新しいミロクの世を築き上げるためのヒントや、親としての大きな無条件の愛を感じさせてくれます。

秋の巻　第一帖（七四二）

同じ神の子でも本家と分家とあるぞ。本家は人間ぢゃ。分家は動植物ぢゃ。本家と分家は神の前では同じであるが、位置を変えると同じでないぞ。三十年で世の立て替え致すぞ。これからは一日増しに世界から出て来るから、如何《いか》に強情な人民でも往生いたすぞ。神は喜びであるから、人の心から悪を取り除《のぞ》かねば神に通じないぞと教えているが、それは段階の低い教えであるぞ。大道ではないぞ。理窟のつくり出した神であるぞ。大神は大歓喜であるから悪をも抱き参らせているのであるぞ。抱き参らす人の心に、マコトの不動の天国くるぞ。抱き参らせば悪は悪ならずと申してあろうが。今までの教えは今までの教え。

〈宇宙訳〉

今後、この地球という惑星のエネルギーがますます変化し
あなた方の世界でも感じる方々が一気に増加するでしょう。
どんなに強情な人々でも感じ、目醒めていくことでしょう。

その方々のためにも、この「宇宙の法則」が大切になってくるのです。

「神は喜びであるので、人の心から悪を取り除かねば神に通じない」という教えが存在します。

しかしそれは段階の低い教えなのです。

「宇宙の法則」とは相違しています。

宇宙の愛は大歓喜ですから、悪をも包括し溶けていくのです。

悪を包括し、溶けさせていく人の心に真実の不動の天国が構築されるのです。

包括し、溶けさせていけば、悪は悪ではなくなっていくのです。

今までの教えは今までの教え
これから必要な教えは、このことなのです。

秋の巻　第二帖（七四三）

人民は土でつくったと申せば、すべてを土でこねてつくり上げたものと思うから、神と人民とに分かれて他人行儀になるのぞ。神のよろこびで土をつくり、それを肉体のカタとし、神の歓喜を魂としてそれにうつして、神の中に人民をイキさしているのであるぞ。取り違いせんように致しくれよ。親と子と申してあろう。木の股や土から生まれたのではマコトの親子ではないぞ。世界の九分九分九厘であるぞ。あるにあられん、さしも押しも出来んことがいよいよ近うなったぞ。外は外にあり、内は内にあり、外は内を悪と見、内は外を悪として考えるのであるが、それは善と悪でないぞ。内と外であるぞ。外には外のよろこび、内には内のよろこびあるぞ。二つが和して一となるぞ。一が始めぞ、元ぞ。和して動き、動いて和せよ。悪を悪と見るのが悪。

〈宇宙訳〉
あなた方を「土でつくった」と伝えれば、
すべてを土でこねて作り上げたものと思い込むところがあるので

「神」と「人」に分かれて距離が発生してしまうのです。

私（創造主）の喜びであなた方の肉体が発生し

私（創造主）の歓喜をあなた方の魂としてその肉体に存在させているのです。

私（創造主）のエネルギーの中であなた方が存在しているのです。

私（創造主）とあなた方は、親と子どもなのです。

これで、私たちの距離が近くなりましたね。

相違している者同士、自分と違うということで、それを悪と見る傾向がそれぞれにあります。

自分が善で相手を悪と見るのではなく、自分と相手それぞれの違いを認めましょう。

その多様性を知ること、体験することが

宇宙に存在した頃のあなた方の喜びだったではありませんか。

その多様性を学べることにわくわくエキサイトして、この惑星に降り立ったのです。

降り立つことを決めている頃のあなた方は実にポジティブで
この惑星で多様性を学べることが自分の喜びであり、
私（創造主）の喜びであると知っていたのです。

その多様性を学ぶことはエキサイトすることでもあり、
私たちが成長拡大することに大きく貢献すると知っていました。

二元性二極にあるものが統合して一つになります。
一と言う数字は、物事の出発の数字なのです。

物事の元、基礎とも言えるのです。

統合した状態で行動し、行動しながら融合していきましょう。

もう一度お伝えいたします。

悪を悪と見る視点がまさしく悪なのです。

視点のステージを変えましょう。

秋の巻　第四帖（七四五）

道徳、倫理、法律はいずれも人民のつくったもの。本質的には生まれ出た神の息吹によらねばならん。神も世界も人民もいずれも生長しつつあるのざ。いつまでも同じであってはならん。三千年一切《ひとき》りぢゃ。今までの考え方を変えよと申してあろう。道徳を向上させよ。倫理を新しくせよ。法律を少なくせよ。いずれも一段ずつ上げねばならん。今までのやり方、間違っていたことわかったであろう。一足飛びには行かんなれど、一歩々々上って行かなならんぞ。ぢゃと申して土台を捨ててはならん。土台の上に建物立てるのぢゃ。空中楼閣見ておれん。

〈宇宙訳〉

道徳・倫理・法律はどれも人間が創ったものなのです。
本来ならば、「宇宙の法則」に則って生きていく方法が導かれているはずなのです。
宇宙もこの地球の人々も成長拡大を続けているのです。
成長拡大しているのですから、同じ方便を使い続けるのは、適していないでしょう。

三千年を一区切りとして、今までの地球での考え方を変化させ、
成長に見合った内容にする必要があるのです。

道徳の内容をステージアップする。
倫理を新しく変更する。
法律で人々を拘束する考えを改め、シンプルで少なくする。

どれもステップアップが必要でしょう。

あまりにも「宇宙の法則」との相違があるため、

一足飛びに変更していくことは困難でしょうが、
一歩一歩確実にステップアップしていく必要があるのです。

そして、基礎固めが大切なのです。

家を建てるのにも、基礎がきっちりしていないと
家が長持ちせず、崩れやすくなります。

不必要なメンテナンスが必要になってくるのと同じように、
すべてにおいていえることは、基礎が重要なのだということです。

基礎を甘んじて建てている高層の建物は
宇宙からの視点では思考の外に存在するのです。

秋の巻　第五帖（七四六）
ヘソの緒はつながっているのであるから、一段奥のヘソへヘソへと進んで行けば、其処《そこ》に新し

き広い世界、大きく開けるのであるぞ。自分なくするのではなく、高く深くするのであるぞ。無我でないぞ。わかりたか。海の底には金《きん》はいくらでもあるぞ。幽界と霊線つなぐと自己愛となり、天国と霊線つなげば真愛と現われるぞ。よろこびも二つあるぞ。三つあるぞ。大歓喜は一つなれど、次の段階では二つとなるのであるぞ。

〈宇宙訳〉

私（創造主）とあなた方とはへその緒でつながっているのですから、そのつながっているへその緒を伝って奥へ奥へ進んでたどっていくと新しい広い世界が大きく開けているのです。

自分自身を無にするのではなく、高く深く拡大していくのです。
無我の境地を推薦しているのではないのです。
あなた方の住む地球でたとえるならば、海を感じてみてください。
海は深くて広い、海の底に行けば金（ゴールド）が豊かに存在しているでしょう。
幽界（横にそれた人間が創った世界）と自分の魂の波動を合わせると自己愛となり、

天国（喜びで人間が創った世界）と自分の魂の波動を合わせると真実の愛となって現れるでしょう。

喜びも二つあるのです。三つあるのです。

大歓喜は、一つなのですが、大歓喜の次のステージに行くと二つの大歓喜が現れるでしょう。

秋の巻　第六帖（七四七）

他を愛するは真愛ぞ。己のみ愛するのは自己愛ぞ。自己愛を排してはならん。自己愛を拡げて、大きくして、真愛と合致させねばならん。そこに新しき道開けるのであるぞ。自己愛を悪魔と説くは悪魔ぞ。無き悪魔つくり、生み出すでないぞ。一段昇らねばわからん。

〈宇宙訳〉

自分以外を愛するということは、真実の愛なのです。

自分のみ愛するのは、自己愛なのです。

自己愛は、利己的な愛、自分勝手だとこの惑星では捉えられています。

しかし、自己愛を排除せず、自己愛を広げて大きくしていき真実の愛と合致させていくことが大切なのです。

そこに新しい条理が開けるのです。

自己を愛することができないと、真実の愛と合致させることが困難となります。
自己愛を悪魔と捉えてそう伝えていくのは悪魔です。
そもそも存在しない悪魔を創り、生み出すことは避けましょう。

いずれにしても、あなた方はステージアップする必要があるのです。

秋の巻　第七帖（七四八）
公《おおやけ》のことに働くことが己のため働くこと。大の動きなすために小の動きを為し、小の動き為すために個の動き為すのであるぞ。丶に丶あり、また丶あると申してあるぞ。

〈宇宙訳〉
公のことに働くことが自分のために働くことなのです。
大きな高い視点での動きを成し遂げるためには、
まず小さな動きを実施し、小さな動きを成し遂げるために
個人の動きをまず成し遂げるのです。

そこに基礎の思考が存在し、また包括しているということなのです。

秋の巻　第八帖（七四九）
　何事もよろこびからぞ。結果からまたよろこび生まれるぞ。この道理わかれば何事もありやか。

〈宇宙訳〉
何事も喜びから発するのです。
喜びから発した事柄はまた、その結果喜びが生まれるのです。

この法則がわかれば、何事も当てはめることができるのです。

秋の巻　第九帖（七五〇）

みろくの世となれば世界の国々がそれぞれ独立の、独自のものとなるのであるぞ。ぢゃが皆それぞれの国は一つのヘソで、大き一つのヘソにつながっているのであるぞ。地上天国は一国であり、一家であるが、それぞれの、また自《おの》ずから異なる小天国が出来、民族の独立性もあるぞ。一色に塗りつぶすような一家となると思うているが、人間の浅はかな考え方ぞ。考え違いぞ。この根本を直さねばならん。霊界の通りになるのぢゃ。

〈宇宙訳〉
もし、ミロクの世となったならば
世界の国々がそれぞれ独立し、独自の特徴を持った国となるでしょう。
しかし、それぞれの国は一つのへそであり
そこからそれぞれへその緒がつながっており

また、私（創造主）とも一本のへその緒でつながっているのです。

地上にある天国は一つの国であり、一家でもあるのですが、
それぞれの自ら異なる小天国ができて、人々の独立性も存在するのです。

人々が同じ考えで一色に塗りつぶされるような国とはならないのです。

「宇宙の法則」に則ったポジティブで自由な世界となるでしょう。

秋の巻　第十帖（七五一）
　外の喜びはその喜びによって悪を増し、内の喜びはその喜びによって善を増すなれど、マコトの喜びは外内と一つになり、二つになり、三つになった喜びとならねば、弥栄ないぞ。

〈宇宙訳〉
自分の外側に求める喜び、
たとえば物質欲を満たすための喜びによってネガティブエネルギーが増し、

内の喜び、たとえば自分の魂磨きのための喜びによって
ポジティブエネルギーが増すのです。

しかし、本当の喜びとは、外と内の喜びが
一つになり、二つになり、三つになった喜びとならなければ、成長拡大はないのです。

外と内が一つになるということは、中間をとるのではなく
外と内の双方を包括する喜びのことをいうのです。

その新しい発想がミロクの世を創っていくのです。

秋の巻　第十一帖（七五二）

親と子は、生むと生まれるとの相違《そうい》出来てくるぞ。また上の子と下の子と、左の子と右の子とは違うのであるぞ。違えばこそ存在する。

〈宇宙訳〉

親と子どもとは、生む側と生まれる側との役割の違いがあるのです。

そして、上の子どもと下の子どもと、
左の子どもと右の子どもとは違う存在なのです。

それぞれに役割や個性の違いがあり、違いがあるからこそ
この宇宙に存在しているのです。

秋の巻　第十二帖（七五三）
　神について御座れよ。理窟申さず、ついて御座れよ。地獄ないと申してあろう。人は神の喜びの子と申してあろう。人の本性は神であるぞ。神なればこそ天国へ自《おの》ずから行くのぢゃ。住むのぢゃ。

〈宇宙訳〉
私（創造主）をあなた方のそばに感じるようにしましょう。
あなた方の頭で考えるのではなく、感じましょう。

地獄というものは、宇宙には存在しないのです。

あなた方は私（創造主）の喜びの子どもなのです。
あなた方の本質は、私（創造主）と近い状態なのです。

あなた方は創造者、自分の人生を創造していける存在なのです。

創造者だからこそ、天国へ自ら行くことも、住むこともできるのです。

創造者だからこそ、今のこの地球上で天国を創ることが可能なのです。

それは、あなた方次第なのです。
宇宙は常に自由意志ですから。

秋の巻　第十八帖（七五九）

人民は神のヘソとつながっているのであるぞ。ヘソの緒さえつながって居ればよく、神人であるぞ。ヽとヽとつながって、さらに大きヽにつながっているからこそ動きあり、それぞれのハタラキあり、使命を果たし得るのであるぞ。同じであって全部が合一しては力出ないのであるぞ。早う心入れ替えと申してあるが、心とは外の心であるぞ。心の中の中の中の心の中にはヽが植え付けてあるなれど、外が真っ暗ぢゃ。今までのやり方では行けんことわかりておろうがな。要らんものは早う捨ててしまえよ。直々《じきじき》の大神様は月の大神様なり。

〈宇宙訳〉

人々は私（創造主）とへその緒でつながっているのです。

へその緒さえつながっていれば、神聖なる人々なのです。

あなた方のへその緒は、私（創造主）とつながる前に一つとなっており、

あなた方それぞれともつながっているからこそ動きがあり、

それぞれの役割、使命を果たすのです。

私たちが同じで全部が合致していては力が出ないのです。

違う個性や役割のもの同士で協力し合うと、
大きな役割を果たし得ることにつながるのです。

違うことを嘆く必要もなく、排除する必要もないのです。

多様性を楽しみましょう。

秋の巻　第二十一帖（七六二）

和が根本、和がよろこびぞ。和すには神を通じて和すのであるぞ。神を通さずに、神をなくして通ずるのが悪和合。神から分かれたのであるから神に還って、神の心に戻って和さねばならん道理。神なくして和ないぞ。世界平和と申しているが、神に還って、神に通じねば和平なく、よろこびないぞ。十二の玉を十まで生んで、後二つ残してあるぞ。

〈宇宙訳〉

和が根本なのです。

和は輪、環でもあります。
和が喜びとなるのです。

そのためには、私（創造主）とつながって和するということが重要です。

私（創造主）からあなた方の魂が誕生しているのですから、「神に還って」「神の心に戻って」和することが宇宙の条理とも言えるのです。

世界平和と掲げていますが、あなた方が「神に還って」、私（創造主）とつながり平和を築くのです。

宇宙の豊かさ、愛、そして喜びを感じるのです。

秋の巻　第二十二帖（七六三）

神に融《と》け入れと申してあろう。次元が違うから、戒律出来るから、わからんのぢゃ。融け入れよ。何につけても大戦《おおいくさ》。人の殺し合いばかりでないと知らしてあろう。ビックリぢゃ。

〈宇宙訳〉

宇宙を感じましょう。私（創造主）とつながりましょう。
あなた方が地上で戒律というものを創っているので
わかりにくくなっているのです。

私（創造主）とつながっていくことで、
宇宙の愛や豊かさを感じることでしょう。

宇宙の溢れんばかりの豊かさを感じましょう。

秋の巻　第二十七帖（七六八）

　型にはまることをカタマルと申すのぢゃ。凝《こ》り固まっては動きとれん。固まらねば型出来んで、人民にはわからんし、型外して、型をつくらねばならん。法律つくらねばならんが、つくってもならんぞ。神から命令されたミタマでも油断は出来ん。曇りたらすぐ代わりのミタマと入れ替えるのであるぞ。凝り固まったものがケガレぢゃ。ケガレはらさねばならん。絶えず祓って祓って祓いつつ、また固まらねばならんし、人民にはわからんし、肉体あるから固まらねばならんし、常に祓いせねばならん。すべてをこんなもんぢゃと決めてはならんぞ。ヽ枯れることをケガレと申すのぢゃ。わかりたか。神界の立て替えばかりでは立て替え出来ん。人民界の立て替えなかなかぢゃナア。

〈宇宙訳〉

ある鋳型《いがた》にはまってしまうことをカタマルと言います。

自分自身の思考を「こうならねばならない」「こうすべきである」という鋳型に入れて固めてしまうと身動きが取れない状況を惹き寄せるでしょう。

それは、自分で自分自身を固めているのです。自分を制約してしまっているのです。

この惑星の現在の思考は、「宇宙の法則」とは相違した鋳型を創っており、そこで凝り固まっている思考が出来上がっています。

その凝り固まっている思考を解放するためには、その鋳型から抜け出すことが必要なのです。

一度凝り固まった思考を柔軟にし、その上で「宇宙の法則」に則って生きるとよいのです。

一度鋳型から抜け出し、再度、この惑星での思考の延長線上の鋳型を創ろうとすることは同じことを繰り返すだけで改善の対策とは言えないでしょう。

宇宙からの役割を担った魂であっても
常に澄みきった心の世界や静寂の世界を心がけ、
曇ることがあれば、即座に澄みきった魂エネルギーへの変換をしましょう。

柔軟さを欠き、保守的な魂エネルギーが曇っている証拠となるでしょう。
常にその時その環境に合ったエネルギーや思考を宇宙の叡智から得ることが重要なのです。

絶えず自分自身を顧みて、
魂エネルギーが鋳型で固まっていないかチェックすることが肝要です。

しかし、物質世界で肉体を持って生きているので、
固まってしまうのは仕方がない、という思考は手放しましょう。

諦めて向上心をなくした魂エネルギーは、すでに後退していっている証拠なのです。
高次元の存在たちがこの惑星をサポートしにやってきています。

この惑星で肉体を持っている人々が「宇宙の法則」に気づき、魂エネルギーを磨き続けることを選択することで、素晴らしい未来が待っているのです。

✳アシュタールからのワンポイントアドバイス✳
喜びから発したものは、喜びを惹き寄せるのです。

お金に支配される世界から、愛のエネルギーで生きる世界へ

ひふみ神示の中では、お金についてもさまざまに語られています。

まず、「お金のいらない世界が到来する」ということであったり「お金が好きならお金を拝んでもよい」あるいは「神とお金の両方が入ってくると嬉しいだろう」という内容であったり、ちょっと読んだだけでは上巻と下巻でのエネルギーの違いしかわからない感じがします。

創造主に、今後の世界はどうあるべきと思っているのかを尋ねてみました。

「違う視点からお伝えしているだけであり、内容は同じことなのです。つまり、『お金』に対しての価値観のバランスのお話なのです。『お金』は、エネルギーの一種にすぎないのです。そのエネルギーを使用する人々で『愛』にもなり『貧』にも変化するのです。そのことをお伝えしたいがためにさまざまな視点から皆さんが理解しやすいようにその方法を選択しました」

私たちはあまりにも「物質・お金」にフォーカスしすぎていたのだと思います。私たちの先祖が生きてきたように「お金は天下の回り物」という意識が必要なのかもしれません。そうすれば、ひふみ神示の中にある「『宇宙の法則』に則って愛を基調に生きていれば、富が自然とやってくるのです。愛溢れる富豪になっていけばよいのです」という内容がすっきりと腑に落ちる気がします。

これは「お金」をすべて否定しているのでもなく、「お金」でしか価値を判断しなくなった風潮を懸念しているといった感じを受けました。

結局は、「『愛』のエネルギーであるかどうか」が「宇宙の視点」からすると重要ポイントのようです。

豊かさとは、「人」「実り」「家」「自然」「愛」「魂」「健康」「お金」などさまざまなものがあります。宇宙の豊かさを十分に受け取ることで喜びの人生、ミロクの世が来るのです。大切なのは、「波動」。宇宙は、シンプルです。

上《うへ》つ巻《まき》 第四帖（四）

急ぐなれど、臣民なかなかに言うこと聞かぬから、言うこと聞かねば、聞くようにして聞かす。神には何もかも出来ているが、臣民まだ眼覚めぬか、金のいらぬ楽の世になるのぞ。早く⦿祀りてくれよ、神祀らねば何も出来ぬぞ。表の裏は裏、裏の裏がある世ぞ。⦿をダシにして、今の上の人がいるから、⦿の力が出ないのぞ。お上《かみ》に大神を祀りて、政事《まつりごと》をせねば治まらん。この神を祀るのは、見晴らし台ぞ、富士見晴らし台ぞ、早く祀りて御告げを世に広めてくれよ。早く知らさねば日本がつぶれるようなことになるから、早う祀りて⦿の申すようにしてくれ。⦿急《せ》けるよ。

上ばかりよくてもならぬ、下ばかりよくてもならぬ、上下揃《そろ》うた善き世が神の世ぞ。卐《ドイツ》も一十《イタリー》もあてにならぬ、世界中一つになりて⦿の国に寄せて来るぞ。それなのに今のやり方でよいと思うているのか、わからねば神に尋ねて政事せねばならぬということまだわからぬか。神と人とがまつり合わしてこの世のことがさしてあるのぞ。人が聞かねば神ばかりで始めるぞ。神ばかりで洗濯するのは早いなれど、それでは臣民が可哀そうなから、臣民みなやり直さねばならぬから、気をつけているのに何しているのざ、いつどんなことあっても知らんぞ、神祀り第一、神祀り結構。扶桑《ふそう》の木《こ》ノ花咲耶《はなさくや》姫《ひめ》の神様を祀りてくれよ。コハナサクヤ姫様も祀りてくれよ。六月の十三の日しるす、ひつきのか三。

〈宇宙訳〉

皆さんは地球のエネルギーの上昇に比べて、ずいぶんと後ろを追っているようですね。

地球のエネルギー上昇と皆さんとの相違が激しいと、

皆さんの肉体に支障をきたしてくるのです。

宇宙では、すべてがポジティブに調整されています。

今、地球において、皆さんは「お金」に支配されているように思います。

しかし、今後その支配から解かれていく世界を迎えるのです。

地球のエネルギー上昇とともに「目醒める人々」が増えてきます。

宇宙とコミュニケーションをとり、

宇宙の叡智に勝るものはないことを思い出す人々が増えてきています。

宇宙の叡智と直結するのです。

そうすることにより、人々が何をなすべきかがわかってきます。

宇宙と地球とのエネルギーの調和が重要です。

調和をすることで、この惑星が一つの世界となることが容易に可能となり、遠い昔、この惑星がとても平和であった頃に戻るのです。


昔、この惑星の人々は愛に溢れ、光の世界の中で生きていました。

とても平和な世界であった頃は一つの司令塔があったのみで、それで調整ができていました。

政治を司るために宇宙の叡智を降ろし、それを実践していく中で本来の政治がなされるのです。

そうすると、あなた方の「脳」だけでは見当もつかない「叡智」や「宇宙のサポート」を受けることができるでしょう。


この惑星を一つにくくっていくのは、主に「白山くくり姫（菊理姫）*」です。

この女神がこの惑星をサポートしていくでしょう。


しかしながら、他にも多くの宇宙の存在たちが「愛と光」をもとにこの惑星を平和へと導くサポートにやってきています。彼らを感じてみましょう。

＊創造主から、木ノ花咲耶姫の神様は地球のエネルギーを指し、コハナサクヤ姫様は白山くくり姫（菊理姫）を指しているというメッセージが降りてきました。

黒鉄の巻　第三十六帖（六五四）

天界に行く門は輝き、幽界に行く門は闇であるぞ。闇の門は閉ざされ、光の門は開かれているぞ。天界は昇りやすく、幽界には落ちにくいぞ。神と金と二つに仕えることは出来ん。そのどちらかに仕えねばならんと、今までは説かしていたのであるが、それは段階の低い信仰であるぞ。影しかわからんから、時節が来て居らんから、そう説かしていたのであるが、この度、時節到来したので、マコトの道理説いてきかすのぢゃ。神と金と共に仕えまつるとは、肉と霊と共に栄えて嬉し嬉しとなることぞ。嬉し嬉しとはそのことであるぞ。神と金と二つとも得ること嬉しいであろうがな。その次には霊の霊とも共に仕えまつれよ。まつれるのであるぞ。これが、まことの正しき道であるぞ。今までの信仰は何処《どこ》かに寂しき、もの足りなさがあったであろうが。片親がなかったからぞ。天に仕えるか、地に仕えるかであったからぞ。この道はアメツチの道ざと知らしてあろうがな。清くして富むのがまことぢゃ。地も富まねばならんのぢゃと申してあろうが。これから先は金もうけばかりも出来ん。今までのような、神信心ばかりも出来ん。神の道を進むものは嫌でも金がたまるのぢゃ。金がたまらねば深く省みよ。道に外れて御座るぞ。人は罪の子

でない喜びの子ぞ。（旧九月八日）

〈宇宙訳〉
宇宙の高次元に行く門は輝いていて、
あなた方が創った横の世界である幽界に行く門は闇になっています。

闇の門は閉ざされるようになり、光の門は開いたままになっていきます。
ですから、宇宙の高次元に昇りやすい状況となっていて、
幽界と呼ばれている世界には、落ちにくくなってきています。

宇宙からのメッセージには、伝える内容に段階がありました。
それは、この惑星のエネルギー状態に合わせて、皆さんに必要な状況が違っているからでした。

今まで伝えていた段階よりも皆さんがステップアップされたため、
次の段階のメッセージをお伝えしたいと思います。この内容は「宇宙の真理」です。

あなたは、地上に降り立った神聖な存在なのです。
神聖な役割を担うために肉体を借り物として存在しているのです。
そして、金とはあなた方の魂のことなのです。
つまり、あなた方の肉体と魂とのコミュニケーションを十分にとりながら
双方が成り立っていくように調整していくことなのです。

肉体は借り物と申しましたが、肉体はあなた方の親友でもあるのです。
親友である肉体は、あなたの魂の叫びをよく理解しており、
あなたに知らせようとさまざまな角度で訴えてくるのです。

肉体と魂が共に豊かさを感じたのであれば、
あなた自身はとても嬉しい気分になることでしょう。
それが、真実の幸せというものなのです。

私（創造主）があなたという魂エネルギーをこの宇宙に誕生させた時、
私（創造主）に近い状態、ほぼパーフェクトに近い状態で誕生させています。

あなたは今現在も同時に違う次元の宇宙空間で存在しているのです。

その存在を「あなたのスピリット」と呼びます。

これからは、あなたのスピリットとも交信できることでしょう。

今までの段階の信仰というものには、どこか寂しさや物足りなさを感じたかもしれません。
それは、両親が揃っていない子どもの寂しさと物足りなさだったのです。
今後は、宇宙のエネルギーと地球のエネルギーをあなたにチャージして
バランスのとれたエネルギー状態で生きていくことができるのです。

あなたが歩む人生において、自分の肉体や魂を清らかに保ち続け、

「宇宙の法則」に則って生きていくと、あなたに豊穣のエネルギーが来ないわけがないのです。

あなたは、十分それを受け取る資格があるのです。

あなたが考えもつかない「富」が宇宙から来た時に素直にキャッチできるように、
あなた自身に受け取る許可をしておきましょう。

あなた方のエネルギーが「愛」や「喜び」で満たされていったのであれば、
そのエネルギーをキャッチした地球がどんどんと豊かになっていくのです。

これから先は「お金儲け」にエネルギーを使うことは、お金を遠ざけます。
そして、今までのような「神信心」ばかりも意味がなくなることがわかってくるでしょう。

必要なのは「宇宙の法則」に則って、あなた自身の責任において
あなた自身の人生を歩むのです。
そうすることで、宇宙の豊かさがあなたのもとに流れ込んできて、
お金を含むすべての豊かさで溢れるでしょう。

もし、お金が貯まらないとか、必要な時にあなたのもとにお金が来ないのであれば、
自分の行動が原因です。
自分が「愛」のエネルギーで生きていたか?
波動はどうであったか?
自分を振り返ってみましょう。

あなた方肉体を持つ人々は、決して「罪の子」ではないのですよ。
私（創造主）が愛して愛して愛してやまない永遠不滅の光の子どもなのですよ。
あなた方には、喜んで生きていただきたいのです。

補巻　月光の巻　第二十三帖（八一〇）

他の宗教に走ってはならんという宗教もそれだけのもの。わからんと申してもあまりであるぞ。同じ所に天国もあり、地獄もあり、霊界もあり、現実界もあり、過去も未来も中今《なかいま》にあるのぞ。同じ部屋に他の神や仏を祀ってはならんと申す一方的なメクラ宗教にはメクラが集まるのぢゃ。病気が治ったり運が開けたり、奇蹟が起こったりするのみをおかげと思ってはならん。もちと大き心、深い愛と真の世界を拝めよ。融《と》け入れよ。浄化が第一。

金が好きなら金を拝んでもよいのぢゃ。区別と順序さえ心得て居れば何様を拝んでもよいぞ。金を拝めば金が流れてくるぞ。金を拝み得ぬ意固地《いこじ》さが、そなたを貧しくしたのぢゃ。赤貧は自慢にならん。無神論も自慢にならん。清貧は負け惜しみ、清富になれよと申してあろうが。清富こそ弥栄の道、神の道、大《オオ》⦿《ヒ》◎《ツキ》⊕《クニ》大神《オオカミ》のマコトの大道ぞ。

〈宇宙訳〉

他の宗教を信じてはいけないという宗教もそれだけのものなのです。
わからないと言っても十分なのです。

今あなたがいる場所に、天国も地獄も霊界も物質世界も存在しているのです。
今あなたのいる場所がすべてなのです。
「今を生きる」ことが重要なのです。
過去にも未来にも答えはありません。
あなたの「今」の波動があなたの人生を創造していくのです。

宗教の中でさまざまな禁止事項やルールを作成し、
あなた方を支配しコントロールしようとしていますが、真実は「宇宙の法則」にあるのです。

病気が治ったり、運が開けたり、奇跡が起こったりするのは、
そのような波動を宇宙に放ったあなた自身のパワーなのです。

あなたが宇宙に「あなたの願望の波動」を放ったために、
「宇宙の法則」に則って宇宙が動いたのです。
あなたの願望を実現していくためにも、あなたの心や肉体を常に浄化していくとよいでしょう。

お金が好きであるならば、お金が来るようにあなたの願望の波動を宇宙に放てばよいのです。
「宇宙の法則」を基本に行動するのであれば自由なのです。
お金を「汚いもの」と思う、
あるいは「裕福な人々に対する偏見」があなたの豊かさを阻《はば》んでいるのです。

赤字赤字の貧困は自慢にはなりません。無神論も自慢にはなりません。
清く貧しいという貧しさは、負け惜しみとも言えるのです。

あなたの不必要なものを手放し、愛に溢れ、浄化をした状態で
「宇宙の豊かさ」をすべて受け取ればよいのです。
宇宙には溢れんばかりの豊かさがあるのです。
豊かさこそがミロクの世、光の世界への道なのです。

私（創造主）が勧める道理なのです。

✴アシュタールからのワンポイントアドバイス✴

お金は単なる紙や銅の塊です。
しかし、そこにあなた方の「エネルギー」が吹きこまれているから価値が出ます。
「エネルギー」は、「愛」に限ります！

おわりに

ひふみ神示は、創造主が地球に住む私たちに向けての「宇宙の法則」を伝えるメッセージだということがおわかりいただけたと思います。宇宙は、愛とポジティブなエネルギーで溢れています。そして、「ミロクの世」は、地球に住む私たちが実現していくものであり、実現可能なのだ、というメッセージをひしひしと感じています。そこには、愛と光と真実というポジティブな思考を拡大させることが重要のようです。

私は「キラキラ輝いている世界」が大好きです。それと共にキラキラしている人も大好きです。私の人生は、私の周りの人々を輝かせることにやりがいを感じて頑張ってきたように思います。今思うと、人が輝くということは波動が輝いていることなのだとわかりました。喜びや感謝や愛に溢れている方は波動もキラキラ輝いています。キラキラ輝きたいと前向きに行動されている方に対しては応援したくなります。宇宙の高次元の存在たちも同じなのだと思います。キラキラ輝くことを目指している人にサポートが来るのです。キラキラ輝く世界を実現させるのは、私たち地球に住む一人ひとりがキラキラ波動になることと感じています。

今までの職業では、患者さんやご高齢者さんや一緒に働くスタッフがキラキラ輝くためにはどうしたらよいのかを考えて実践してきたように思います。私たちの魂が最高に満足するのは、何かに貢献できた時だと思います。

今、日本は前代未聞のスピードで少子高齢化が進んでいますが、これも宇宙からのメッセージだと感じています。宇宙はきっと日本に住む私たちに「ご高齢者からもっともっと日本の文化を学びなさい」と言っているように思えてなりません。ご高齢の方々は、知恵も経験も豊富にお持ちであり、私たちは学ぶことがたくさんあります。ご高齢者の方の「活躍の場」を提供することが学びへとつながるように思います。そうすることで、ご高齢者の方もキラキラ輝きを取戻し、社会も輝き始めるでしょう。

そう考えると私の人生の役割の大きな幹は「キラキラ輝く世界の実現」であり、そのために取り組むそれぞれの事柄は木の枝葉であり、一つのツールだと思います。

私が今取り組んでいる「魔法の学校（アシュタール監修）」「アシュタールフルトランスセッション」「Star Venus ジュエリー」は、それぞれ「キラキラ輝く世界の実現」という幹を飾る枝葉のひとつです。今後、地球のエネルギーが加速して変化していく中で、その環境に合った内容の方法でいろんな枝葉が出てくるのだと、今からわくわくしています。

この書籍を手に取っていただいている皆さんに「宇宙の豊かさ」を体験していただけますように、

表紙のマークは、アシュタールから皆さんの輝きをサポートするために降りてきたシンボルをベースに考案したものです。八芒星の中にある丸いマークは、宝石を表しています。現在の科学においても、宝石は人間の周波数に近いことが証明され、身体や魂に素晴らしい影響力があるのです。

そして、九つの宝石にはそれぞれ意味があります。ピンクサファイア（太陽）、ムーンストーン（月）、ルビー（火星）、グリーントルマリン（水星）、イエローサファイア（木星）、ホワイトサファイア（金星）、ブルーサファイア（土星）、オレンジガーネット（天王星）、キャッツアイ（地球）というように、それぞれの星から力とバランスを整えるサポートがあり、宝石と共鳴することで人間のバイブレーションが正常になり、今まで出せなかった本来の力を発揮できるようになります。それは悪いバイブレーションを軌道修正するからです。

この本を手に取ってくださった皆さんに少しでも貢献できるように、との願いを込めて考案させていただきました。

私の中のキラキラの世界を実現するパワフルなひふみ神示の翻訳をするにあたり、アシュタールが全面的に手伝ってくれました。しかし、２０１２年の7月20日以降の翻訳は、アシュタールというよりも、この神示を降ろしたという「創造主」本人と波動の共鳴することができるようになり、「創造主」と共に翻訳いたしました。

見分け方としては、「創造主」という主語で始まっている文章は、アシュタールと共に翻訳したものです。「私（創造主）」という主語で始まっている文章は創造主と共に翻訳したものです。

それは、7月中旬にわが家「StarVenus」にシャスタ山在住の生まれながらの覚醒者マザー・ポーシャ・アマラさんがいらっしゃったことがきっかけでした。出会うすべての人やものに、溢れんばかりの愛のエネルギーで接する彼女から、私はこのように告げられました。

「宇宙は広大なのよ。あなたは創造主と直結する役割があるのよ。あなたがそれをわかるまで、私はここから出ることができないのよ。それは、私と創造主との約束なのよ。あなたは創造主に選ばれた。そして、あなたもそれを受け入れた。双方が合致したのでこの役割が成立したのよ。あなたは創造主からのメッセージを日本の文化を取り入れながら世界へ発信するという役割が課せられているのよ。

アシュタールは11次元の存在。でもあなたは、宇宙の11次元12次元13次元……もっともっと高次元の存在と波長を共鳴し、メッセージを受け取る役割があるのです。そして、こうしている間にもうあなたは、創造主と共鳴しましたね。コズミックファーザーとコズミックマザーがあなたの身体の中で融合しました。双方が統合したのではなく、融合し溶けあったのです。

あなたは、歩いていても自動車を運転していても、あなたの後頭部からポンッと声帯について出てくる言葉があれば、それは、まさしく創造主からの言葉なのです。日常生活の中で常に発生するでしょう」

その後、アシュタールにそのことについて尋ねました。するとアシュタールは「彼女の言っていることは、本当なのです。私もあなたを創造主に近づけることが役割なのです。おめでとう。しかし、私とあなたの関係がなくなることはありません。これからも継続していきます」と笑顔で返してくれました。

その出来事があって以来、創造主とはすぐに共鳴することができるようになりました。もちろんアシュタールとの関係も、よりいっそう深まっています。アシュタールありがとう。アシュタールにつなげてくださったアシュタール公式チャネラーのドクター　テリー・サイモンズさん、アシュタールのフルトランスに背中を押してくださり、その後もお母さんのようにサポートをしてくださっている洋子ヤマグチさん、ありがとうございます。

「創造主」からメッセージが降りてきたあの日以来、「宇宙の法則」や「女神性」について発信する役割があることを自覚していました。そして、いずれは日本の文化を交えて日本から世界に発信したいという思いを抱いていましたところ、ひふみ神示と不思議なご縁をいただき、今回の出版へとつながりました。私の思いに賛同いただき、今回の出版にご尽力いただいた関係者の皆様に感謝したいと思います。

これまでお世話になりました多くの方々の笑顔が次々に浮かんできます。すべての方々に感謝を捧げます。

2012年8月

宇咲　愛

宇咲 愛　うさき あい

外科・救急外来・産婦人科病棟・内科などで看護師の経験を積んだ後、十数年にわたり看護部長、施設長など管理職を務める。介護予防や自立支援にも積極的に取り組み、その先進的活動は新聞やテレビ、医療専門誌でも取り上げられて話題となる。2011年、子宮筋腫をアファメーションで完治させた後に11次元のアセンデッドマスター・アシュタールと再会し、地球上で26名しか存在しない、日本人ではただ一人のアシュタール公式チャネラーとなる。2012年、アシュタール監修のもと『魔法の学校™』を開校。「宇宙の法則」を伝えて「魂の自立」を推進し、参加者の隠れた能力を引き出すイベントや活動を行っている。

Star Venus

スターシードコミュニティ『Star Venus』

http://starvenus.jp

アシュタール（Ashtar）の個人セッション・グループセッションやイベントなどを行っています。

アシュタールとスリランカの叡智ナルワン®とのコラボで実現したStar Venus™オリジナルジュエリーや、アシュタールの光™（Light of Ashtar™）など、優れたエネルギーのパワーストーンなども取り扱っています。

アシュタール監修『魔法の学校™』

http://ameblo.jp/headnurse/

誰かを頼るのではなく、自分の軸を作り、自分のセンサーで決める、魂の自立をサポートします。

公式ブログ「つまずき女の痛快！　逆転ホームラン劇♥アシュタール」

http://ameblo.jp/shinelight/

アシュタール×ひふみ神示
立ち上がれ！ 地球の女神たちよ！

第一刷 2012年10月31日
第二刷 2012年12月6日

著者 宇咲愛

発行人 石井健資
発行所 株式会社ヒカルランド
〒162-0821 東京都新宿区津久戸町3-11 TH1ビル6F
電話 03-6265-0852 ファックス 03-6265-0853
http://www.hikaruland.co.jp info@hikaruland.co.jp
振替 00180-8-496587

本文・カバー・製本 中央精版印刷株式会社
DTP 株式会社キャップス
編集担当 後藤美和子

ISBN978-4-86471-063-3

ヒカルランド　好評重版中！

地上の星☆ヒカルランド　銀河より届く愛と叡智の宅配便

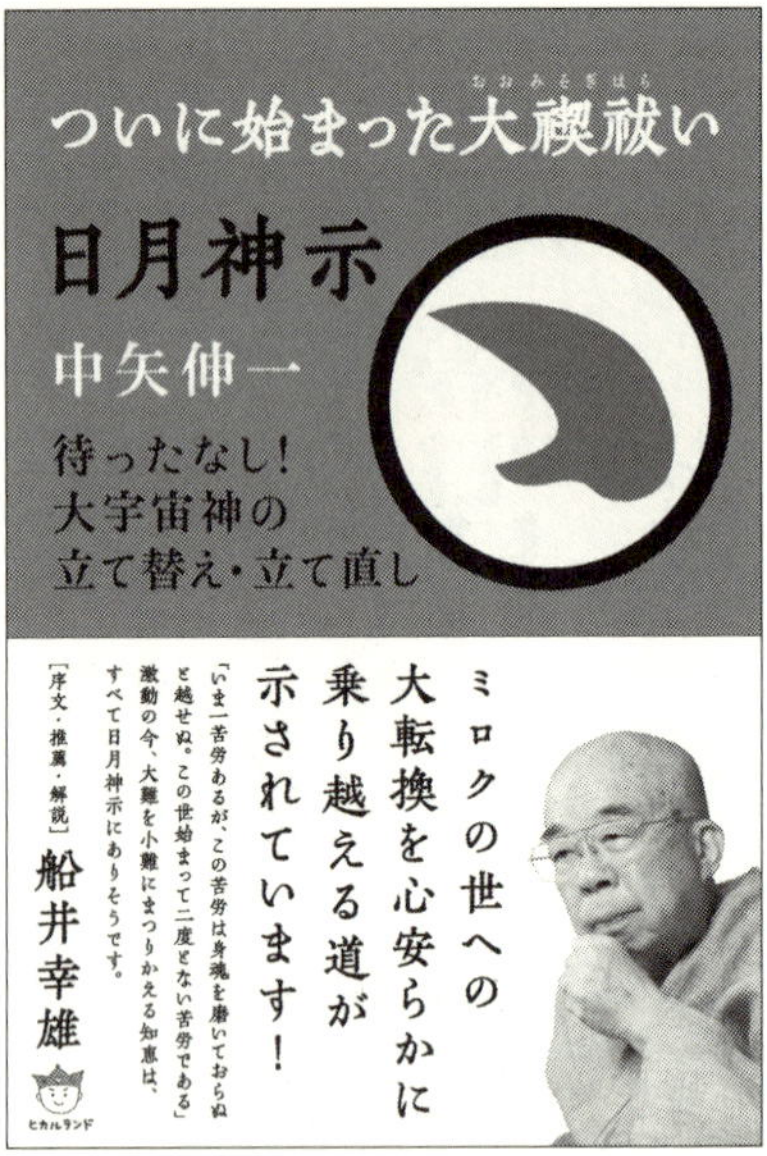

ついに始まった大禊祓い
日月神示
著者：中矢伸一
序文・推薦・解説：船井幸雄
四六ハード　本体1,800円+税
超★どきどき　シリーズ006

宇宙的大変化を告げる日月神示の優れた解説書！　宇宙の大インフォメーション日月神示は、私たち一人一人の心の中の戦を早く済ませ、メグリを解消せよ、神がかかれるように身魂を磨け……と告げる。私たちの現在住まうこの世界は、半霊半物質の新しい次元に変化していく——その中で生きる私たちの宇宙の羅針盤が、この日月神示なのだ！